Stylianos Atteshlis
(»Daskalos«)

PARABELN

Die esoterische Deutung der Gleichnisse Jesu

Aus dem Englischen übersetzt
von Karl Friedrich Hörner

Knaur

Stylianos Atteshlis (bekannt als »Daskalos«) wurde geboren und lebt auf der Insel Zypern. Er ist Vater zweier Töchter, hat drei Enkel und ist dreifacher Urgroßvater.

In seiner Heimat und im Ausland erfuhr er eine vielseitige Ausbildung und studierte geisteswissenschaftliche Fächer. Viele Jahre lang arbeitete er in der staatlichen Druckerei in Nikosia; danach lebte und wirkte Daskalos einige Zeit in Afrika.

Zeitlebens hatte Daskalos seine Freude am Komponieren und Musizieren (Violine und Klavier), am Dichten und Malen, am Gärtnern und an der Beschäftigung mit Sprachen. Seine große Leidenschaft jedoch ist die Unterweisung über den Sinn der Existenz und die Möglichkeiten, unser Erleben und Verstehen des Göttlichen zu entfalten und zu vertiefen. Seit mehr als siebzig Jahren vermittelt Daskalos Suchenden esoterisches Christentum, in jüngerer Zeit einem rasch wachsenden internationalen Publikum.

Daskalos wünscht, nicht als Meister oder Guru angesehen zu werden, sondern als ein brüderlicher Führer und Freund, und ist immer gewillt, anderen auf ihrem Wege zu helfen. Er legt Wert auf die Eigenständigkeit des Wahrheitsforschers und mißbilligt jegliche durch Abhängigkeit und Dominanz geprägte Beziehung.

Daskalos geht mittlerweile auf die Vollendung seines achtzigsten Lebensjahres zu und lehrt weiterhin in englischer und griechischer Sprache. Daneben heilt er Kranke, schreibt Bücher, malt Bilder und versorgt seine Kakteen und Blumen. Jedes Frühjahr unternimmt er eine Vortragsreise durch mehrere Länder Europas. Er ist der spirituelle Leiter von mehr als hundert Studienkreisen der »Wahrheitsforscher«.

In seinem 1990 – deutsche Ausgabe 1991 – erschienenen Buch *Esoterische Lehren* (Knaur-Taschenbuch 4279) gibt er einen Überblick über die Grundelemente seiner Lehre. Die Veröffentlichung weiterer Werke ist in Vorbereitung.

Esoterik

Herausgegeben von Gerhard Riemann

Dieses Buch wurde auf chlor- und säurefreiem Papier gedruckt.

Deutsche Erstausgabe Dezember 1992

Titel der Originalausgabe »The Parables«

Umschlaggestaltung Peter F. Strauss
unter Verwendung eines Gemäldes von Stylianos Atteshlis
Zeichnungen Robert Browning
Satz DTP br
Druck und Bindung Ebner Ulm
Printed in Germany
ISBN 3-426-86024-4

2 4 5 3 1

Inhalt

Einführung

für die deutsche Ausgabe

Ein Maharadscha im Norden Indiens ließ eines Tages die fünf weisesten Männer seines Reiches zu sich rufen. Er wollte seinen Freunden beweisen, daß selbst die Klügsten unter uns nur ein begrenztes Verständnis der Wirklichkeit besitzen. Er ließ den fünf Männern die Augen verbinden und sie zu einem großen Elefanten führen. Jeder sollte beschreiben, was er vorfand.

Der erste kam von hinten auf das Tier zu und bekam dessen Schwanz zu fassen. Entzückt verkündete er: »Ich halte einen großen Reisigbesen in der Hand, wie man ihn gebraucht, um den Hof im herrlichen Palast unseres Maharadschas zu kehren!« Der zweite Weise gelangte an eines der mächtigen Beine des Elefanten. »Nein, mein Freund, du irrst dich«, meldete er. »Dies kann nur der Stamm eines alten Bunyan-Baumes sein, wie sie auf dem Hof des königlichen Palastes stehen.« Nun ging der dritte Weise los, streckte die Hand aus und bekam ein Ohr des Tieres zwischen die Finger. »Nein, meine lieben Freunde. Ein Baum mag es wohl sein, aber ich halte das Blatt einer schattenden Palme in Händen, mit dem man dem König an diesen heißen Sommertagen Luft zufächelt.« Der vierte Weise geriet an einen langen Stoßzahn. Freudig berichtete er: »Hier habe ich einen der schönen Säbel aus dem großen Heer des Maharadschas.« Schließlich entdeckte der fünfte den langen Rüssel und erklärte: »Meine lieben Freunde, ihr alle irrt euch sehr; denn meine Hände fassen eine große Schlange aus den tiefen Dschungeln im Reiche unseres Königs. Laßt uns auf der Hut sein.«

Die wohlüberlieferte Seite der Menschheitsgeschichte ist eine Chronik vom Aufstieg und Niedergang großer Zivilisationen, unterbrochen von Renaissancen, deren Errungenschaften später von Seuchen oder Kriegen hinweggefegt wurden. Die ruhmreichere, aber weniger bekannte Geschichte ist die des uralten menschlichen Bemühens, die Heiligkeit unserer Existenz* zu erkennen und unsere Einheit mit unserem Vater, der absoluten Seinsheit*, zu feiern.

Die vielen Wege östlicher und westlicher, exoterischer und esoterischer Traditionen haben sich alle – wie die fünf Weisen – angestrengt, zum Erfassen der großen, ewigen Wahrheiten beizutragen. Aus unserer menschlichen Sicht ist die absolute Wahrheit unmöglich auszumachen. Nur mit großer Mühe können wir die immense Herrlichkeit der relativen Wahrheit in Erfahrung bringen, die uns überall umgibt. Unser Bemühen – der eigentliche Zweck unserer Existenz – wird sich als lohnend erweisen, da es uns hilft, einem Verständnis des göttlichen Planes* der absoluten Seinsheit näherzukommen und bewußt an ihm teilzuhaben.

Wir arbeiten in der Tradition des esoterischen Christentums. Die Beispiele des Gottmenschen und Christus* Joshua Immanuel betrachten wir als die reinsten Lehren über das wahre Wesen von Leben, Liebe und Einsicht. Wir schätzen auch die heiligen Schriften der übrigen Welt, das Neue Testament jedoch tragen wir als unseren ständigen Begleiter mit uns und erhalten aus ihm unser moralisches, ethisches, spirituelles und mystisches Geleit.

Joshua empfand die Verwendung von Bildern und Pa-

* Alle bei ihrem ersten Erscheinen im Text mit diesem Zeichen (*) versehenen Begriffe werden im Glossar am Ende des Buches erläutert. (Anm. d. Ü.)

rabeln offenbar als die wirkungsvollste Lehrmethode. Viele seiner Parabeln sind in den Evangelien überliefert; viele andere jedoch wurden den Jüngern im kleinen Kreise gelehrt. Indem er in Bildern über die göttlichen Gesetze*, Ideen, Ursachen*, Prinzipien und Tugenden sprach, die die Schöpfung regieren, öffnete Christus allen – und einem jeden auf dessen eigener Stufe – den Weg zu den Pforten zum »Königtum der Himmel im Innern«.

Das Studium der Parabeln Christi bedeutet uns sehr viel. Jede läßt sich aus verschiedenen Perspektiven und Dimensionen betrachten. Aufgrund unserer Beschäftigung mit den Parabeln entfalten sich uns im Laufe der Jahre immer weitere Facetten der Wahrheit.

Im vorliegenden Buch biete ich dem Leser einiges von dem, was ich als den Gehalt der Parabeln verstehe. Die Schüler unseres Systems mögen an den folgenden Deutungen ihre Freude haben und sie als eine Hilfe nutzen, ein umfassenderes Bild dessen zu erlangen, was wir lehren. Alle Suchenden aber möge dieses Werk ermutigen, sich eingehender mit den großen Schätzen zu befassen, die wir in den Evangelien finden.

Ich erhielt viel Hilfe bei der Vorbereitung dieser Schrift für die deutschsprachige Ausgabe. Der Leser mag feststellen, daß der Text von der früher veröffentlichten englischen Ausgabe abweicht: Wir sind ständig um eine Vertiefung der Klarheit und Aussagekraft unserer Veröffentlichungen bemüht. Mein tiefempfundener Dank gebührt allen, die zur Entwicklung dieses Buches beigetragen haben.

Stylianos Atteshlis, Strovolos, Zypern, September 1992

Vorbemerkung

Die im vorliegenden Buch interpretierten und kommentierten Jesus-Worte heißen allgemein »Gleichnisse«. In der Stilkunde jedoch sind Gleichnisse nur Bilder, die das Verglichene nennen, z. B. »Seid also verständig wie die Schlangen« [Mt 10,16]. Längere, belehrende Erzählungen hingegen, wie wir sie als typisches Element der Reden Jesu in den Evangelien finden, bezeichnet man als Parabeln; deshalb heißen solche Texte auch im Titel und Inhalt dieses Buches Parabeln.

Manche der besprochenen Parabeln finden sich parallel in mehreren Evangelien. In solchen Fällen wurde die bekannteste der voneinander meist geringfügig abweichenden Versionen für die Aufnahme in dieses Buch gewählt (meist also aus dem Matthäus-Evangelium).

Die dem englischen Original zugrunde liegende Bibelausgabe ist die *New English Bible,* eine Neuübersetzung aus den besten verfügbaren Quellen, die mit dem Segen sämtlicher protestantischen Kirchen Großbritanniens entstand. Sie wurde 1961 gemeinsam von der Oxford und der Cambridge University Press veröffentlicht.

Die deutsche Ausgabe folgt auf ausdrücklichen Wunsch des Verfassers weitgehend der Neuübersetzung von Fridolin Stier (München: Kösel, Düsseldorf: Patmos 1989). Die kraftvolle Sprache und wohlüberlegte Wortwahl vermitteln dem Leser neue Denkanstöße und lassen nicht zu, daß er sich in der Sicherheit der den Ohren so vertrauten, althergebrachten Formulierungen oder der modern geglätteten Standardisierung wiegt. Gleichwohl steht diese Ausgabe des Neuen Testaments nicht im Widerspruch zum flüssigen Englisch der im Original zitierten *New English Bible*.

Für Leser, die mit Werk und Terminologie des Verfassers nicht vertraut sind, wurde am Ende des Buches ein Glossar vorbereitet.

Eine ausführlichere Darstellung dessen, was der Verfasser in seinem »System der Wahrheitsforschung*« unterrichtet, findet der interessierte Leser in *Esoterische Lehren* von Stylianos Atteshlis (Knaur-Taschenbuch 4279).

Karl Friedrich Hörner

Neuer Wein in alte Schläuche

(Mt 9,16–17)

Keiner flickt auf ein altes Obergewand einen Flicken ungewalkten Tuchs; denn das Füllstück reißt vom Obergewand, und noch schlimmer wird der Riß. Auch schüttet man nicht neuen Wein in alte Schläuche; sonst zerreißen die Schläuche, und der Wein fließt davon, und zugrunde gehen die Schläuche. Nein, man schüttet neuen Wein in neue Schläuche! So halten beide sich gut.

Alles ist in stetem Wandel begriffen, nichts bleibt das gleiche, und so passen neue Gedanken nicht immer in alte Traditionen. Jede Lehre sollte ihrer Zeit und ihrem Ort entsprechen. Als das Christentum aufkam, war es seinem Charakter nach jüdischer als heute; Paulus bestimmte damals etwa, daß keine Frau mit unbedecktem Haupt eine Kirche betreten dürfe. Dies entsprach den Sitten jener Zeit, aber heute ist es anders. Wir haben gelernt, daß Kleidung nichts mit dem Kirchgang zu tun hat. Es gibt neue Arten, Dinge zu betrachten, was jedoch nicht heißt, daß die alten falsch gewesen seien. Sie entsprachen ihrer Zeit und ihrem Ort.

Christus sagte: »Ich bin gekommen, um das Gesetz zu erfüllen, nicht, um es aufzuheben« [Mt 5,17]. Er sagt nicht, daß jeder, der Christ wird, alles aufgeben und vergessen müsse, was er früher geglaubt hat. Er akzeptiert die Überzeugungen und Gewohnheiten anderer. Sagte er nicht: »Noch andere Schafe habe ich, die nicht von dieser Herde sind« [Jh 10,16]? Wenn ich eine Moschee oder einen Hindu-

Tempel betrete, lege ich vorher die Schuhe ab, weil dies dort Sitte ist. Paulus – oder auch noch meine Großmutter – wäre sehr schockiert, eine barhäuptige Frau im Minirock zur Kirche gehen zu sehen. Aber die Erzengel* stört das nicht. Sie sind sehr tolerant. Und in ihrem Minirock betet die Frau vielleicht sogar besser als meine Großmutter. Trotzdem wäre es verkehrt, die Großmutter in einen Minirock zu stecken und so zur Kirche mitzunehmen, denn es entspräche nicht ihren Gewohnheiten und Überzeugungen. Wir müssen den Glauben* und die Tradition anderer immer respektieren.

Das Kleid und die Schläuche stehen für das, was die Menschen glauben. Jesus sagt: Keiner kann nach neuen Grundsätzen leben, solange er noch leidenschaftlich an alten Überzeugungen und Traditionen hängt. Alles Neue sollte seiner Zeit und seinem Ort entsprechen.

Der unreine Geist

(Mt 12,43–45)

Wenn der unreine Geist aus dem Menschen gefahren, zieht er durch wasserlose Gegenden dahin, sucht eine Ruhestatt und findet sie nicht. Dann sagt er: In mein Haus, daraus ich gefahren, wende ich mich zurück. Und er kommt und findet es aufgeräumt, gescheuert und geschmückt. Dann geht er und holt sieben andere Geister zu sich, noch böser als er. Und sie ziehen ein und hausen dort. Und das Letzte jenes Menschen wird noch schlimmer als das Erste. So wird es auch diesem bösen Geschlecht ergehen.

Die Bibel spricht von »unreinen Geistern«, so auch in dieser Parabel. Wir ziehen den Begriff Elementale* den »unreinen Geistern« vor. Christus nennt sie auch »leer, sinnlos«, und manche bezeichnen sie als »böse Geister«. Wir nennen sie alle »Elementale« und teilen sie in unseren Unterweisungen in zwei Gruppen: Die ersten nennen wir emotionale Gedankenformen, bei denen die Emotionen, die Begierden und sogar die Schwächen die dominierende Rolle spielen. Sie versklaven das Denken des Menschen, bzw. wir lassen dies zu. Das auf diese Weise erschaffene Elemental ist ein »unreiner Geist«, das heißt ein Geistwesen, das gewissen Begierden, Wünschen, Emotionen dient; er ist unrein, nicht konstruktiv. Die zweite Gruppe von Elementalen bezeichnen wir als reine Gedankenformen, geboren aus Einsicht und Liebe, nicht aus Emotion. Solche Elementale zu erschaffen und auszusenden unterweisen wir die Mitglieder unserer Kreise.

Wir verwenden nicht das Wort Geist, wie es im Sinne von »unreiner Geist« gebraucht wird, denn Geist (Pneuma*) ist ein Attribut des absoluten Seins, aber auch unser göttlicher* Wesenskern, der qualitativ identisch ist mit dem Absoluten. »Geist ist Gott; und die sich tief verneigen vor ihm: in Geist und Wahrheit müssen sie sich tief verneigen« [Jh 4,24]. Um also Mißverständnissen vorzubeugen, bezeichnen wir Gedankenformen – ob emotional oder rein – als Elementale.

Jedes Elemental hat eine bestimmte Gestalt und besitzt Energie. Jeder Gedanke, jede Emotion, jeder Wunsch erzeugt eine emotionelle Gedankenform oder eine reine Gedankenform. Christus kannte den Unterschied, als er jene »Geister« oder Elementale »unrein« nannte. In dieser Parabel beschreibt er, wie diese Elementale in dem Augenblick hervorgebracht werden, da sie das »Haus« verlassen. Ihr Zuhause ist die Persönlichkeit des Menschen.

Wenn ein Elemental erschaffen wird – sei es durch Gedanke oder Emotion –, schwingt es auf der gleichen Frequenz wie sein Erzeuger. Wenn ein Elemental also die Persönlichkeit verläßt, geht es, wie die Parabel sagt, »durch wasserlose Gegenden«, das heißt dorthin, wo es keine neuen Gedanken gibt, die es aufnehmen und durch die es sich stärken kann. Es streift durch die nichtmaterielle Welt, ohne Kraft aus ihr zu beziehen. Aber es hat sein Eigenleben, seine eigene Identität und natürlich auch eine gewisse Intelligenz.

Das Elemental sagt: »Ich will nach Hause zurückkehren« zu meinem Erzeuger, um Lebenskraft, neue ätherische Vitalität* zu bekommen. Aber bei seiner Heimkehr bringt es »sieben weitere, noch schlimmere Geister« mit. Warum ziehen wir solche »Geister«, solche Elementale an? Weil, wie wir wissen, Gleiches das Gleiche anzieht. Das Elemental hat die gleiche Schwingungsfrequenz wie andere solcher Elementale, die in den »Wüsten« umherstreifen, also schließen sie sich an. Das Elemental zieht solche an, die die gleiche Schwingungsrate – oder eine schlimmere Schwingung – besitzen, und begibt sich auf den Heimweg.

Doch nun kommen sie zurück und stellen fest, daß der Mensch ein sauberes Haus hat. Das heißt, er denkt nicht ständig böse. Einmal ist er gut, und einmal verhält er sich töricht. Das meint die Parabel, wenn es heißt, der Geist findet sein Zuhause »gescheuert und geschmückt«. Aber er findet es auch leer.

Was lehren wir? Daß ein Mensch, wenn er einem Elemental die Energie entzieht, dessen Wiederkehr er nicht wünscht, dieses Elemental durch ein anderes, gutes Elemental ersetzen muß. Auf diese Weise kann es keinen Einlaß erlangen. Das praktizieren wir in unseren Kreisen. Wir ersetzen immer die schädlichen Elementale durch schöpferische Elementale, so daß ihr Erzeuger den schlechten verwehrt, in ihr Zuhause, an ihren Ursprung zurückzukehren. Wenn das Denken des Menschen »leer« ist, das heißt ohne gute Elementale, die diesem Widerstand leisten, kann sich ein schlechtes Elemental Zutritt verschaffen.

Doch warum kommen noch »weitere Geister«? Wenn eine Schar von Elementalen sich zusammengefunden hat, werden sie eins und bilden ein Gruppenelemental: sieben Elementale aus Gedankenkraft oder Gedankenenergie.

Warum hat das Elemental gerade »sieben weitere Geister« gerufen? Weil es sieben Pforten gibt. Diese Pforten bezeichnen wir als die Energiezentren* in den ätherischen Doppeln* des Menschen: Genital, Solarplexus, Milz, Leber, Herz, Schilddrüse und Kopf. Wenn ein Elemental ein Energiezentrum findet, das eine ähnliche Schwingungsfrequenz aufweist, kann es durch diese Pforte eintreten. Ein schädliches Elemental erlangt so die Kontrolle über die derzeitige Persönlichkeit* und zwingt diese, den gleichen Gedanken immer und immer wieder zu denken. So gewinnt es mehr Kraft; es wird nicht nur gestärkt, sondern erhält auch immer mehr Macht, den Menschen zu beherrschen.

Christus sprach bei anderen Gelegenheiten über die Heilung von Menschen, die von Elementalen besessen sind. Im Falle einer Person, die von einem Elemental besessen war, das sich »Legion« nannte, handelte es sich um ein Gruppenelemental von solcher Macht, daß es in zweitausend Schweine fuhr und sie in den Tod trieb, als Jesus den Menschen von ihm befreite [Mk 5,1–13]. In der Bibel beschrieb Christus deutlich, wie solche Elementale geboren, erschaffen und ausgesandt werden, wie sie sich verhalten und versuchen, nach Hause, zu ihrem Erzeuger zurückzukehren.

Die Bibel sagt auch klar, daß diese Art von »Geistern« aus einem Menschen nur »durch Gebet und Fasten« [Mt 17,21] ausgetrieben werden können. Was bedeutet »durch Fasten«? Fasten bedeutet hier, das Elemental nicht ständig von neuem zu beleben, sondern ihm unsere Aufmerksamkeit und ätherische Vitalität zu entziehen, es »auszuhungern«. Das bedeutet, neue Elementale zu erschaffen, jetzt aber reine Gedankenformen, und auf die Gottheit, die Göttlichkeit ausgerichtet zu sein; so erhält ein Mensch die Hilfe des Glaubens, aber auch die Hilfe der Erzengel, des Logos* und Gottes. Auf diese Weise treibt man diese schlimmen oder bösen Elementale von einem Menschen aus, indem man ihm reine Gedankenformen-Elementale als Gebete schickt.

Der Sämann

(Mt 13,3–8; 18–23)

Ein Sämann zog hinaus, um zu säen. Und beim Säen fiel das eine an den Weg nebenhin. Und die Vögel kamen und fraßen es weg. Anderes fiel auf den felsigen Grund, wo es nicht viel Erde hatte. Und gleich schoß es herauf, weil es keine Tiefe in der Erde hatte. Als aber die Sonne aufgegangen war, ward es verbrannt und verdorrte, weil es keine Wurzel hatte. Anderes fiel unter die Disteln, und die Disteln stiegen auf und erstickten es. Anderes aber fiel auf die rechte Erde und gab Frucht: hier hundertfach, da sechzig-, da dreißigfach. Wer Ohren hat, höre!

Jesus erläutert diese Parabel selbst und gibt uns eine vollständige Erklärung:

Ihr also hört das Gleichnis vom Sämann: Immer wenn einer das Wort vom Königtum hört und nicht versteht, so kommt der Böse und raubt, was in sein Herz gesät ist – das ist: »Der an den Weg Gesäte«. »Der auf den Felsgrund Gesäte« – das ist: Der das Wort hört und sogleich voll Freude ergreift, doch keine Wurzel in sich hat, sondern ein Mensch des Augenblicks ist. Entsteht aber Drangsal und Hetzjagd um des Wortes willen, nimmt er sogleich Ärgernis. »Das in die Disteln Gesäte« – das ist: Der das Wort hört: aber das Sorgen dieser Weltzeit und das Geblend des Reichtums ersticken das Wort, und es wird fruchtlos. »Der auf die rechte Erde Gesäte« aber – das ist: Der das Wort hört und versteht. Er bringt denn auch und trägt Frucht: hier hundertfach, da sechzig-, da dreißigfach.

Jesus Christus sprach. In der Menge, die zugegen war, dachten manche an andere Dinge und achteten überhaupt nicht auf das, was Christus sagte, gleichwohl hörten sie ihn. Sie konnten ihr Gehör ja nicht verschließen, und die Schallwellen trafen auf ihre Ohren, obwohl sie tatsächlich »keine Ohren hatten, zu hören«. Andere wiederum waren mit ihrem Herzen woanders. Natürlich hörten auch sie seine Worte, aber sie waren nicht geneigt oder voll Sehnsucht, nachzudenken über das, was sie vernahmen. Wieder andere hatten vielleicht verderbte, schlimme Gedanken, die den Worten Christi den Eintritt verwehrten. Sie hörten wohl, aber sie lauschten und verstanden nicht.

Im Griechischen sagt man: »Das Herz sieht und hört«, das heißt, es kommt nicht nur auf die Augen und Ohren an. Als Christus sagte: »Wer Ohren hat, der höre!«, meinte er nicht die Ohren am Kopf. Der Mensch mag Ohren auf beiden Seiten des Kopfes tragen und doch nicht jene Ohren des Herzens haben, die hören und wirklich lauschen. Christus sagt also: »Die hören und verstehen *wollen*, sie werden meine Worte hören.«

Das »hundertfach, sechzig- und dreißigfach« ist ohne besondere Bedeutung; es sind nur Zahlen, Mengenangaben. Christus sagt damit: Wenn einer die Wahrheit aufnimmt und das Gesagte nach seinem Können und Vermögen versteht, so wird er Frucht bringen, wie es seiner Art entspricht, und Gott wird zufrieden sein mit dem Ertrag.

Was meinte Jesus, als er sagte: »Wer Ohren hat, der höre«? Es ist eben ein Unterschied zwischen Hören und Zuhören, zwischen Hören und dem Bemühen, das Gehörte zu verstehen. Nur zu hören ist nicht genug.

Das Unkraut

(Mt 13,24–30; 36–43)

Mit dem Königtum der Himmel ist es gleich wie mit einem Mann, der guten Samen in seinen Acker säte. Aber während die Leute schliefen, kam sein Feind und säte Unkraut mitten ins Korn und machte sich davon. Als aber nun der Grünhalm geschossen und fruchtträchtig geworden, da erschien auch das Unkraut. Da kamen die Knechte des Hausherrn herbei und sprachen zu ihm: Herr, hast du nicht guten Samen in deinen Acker gesät? Woher nun hat er das Unkraut? Er sprach zu ihnen: Ein feindseliger Mensch hat das getan. Die Knechte sagten zu ihm: Willst du nun, daß wir hingehen und es zusammenlesen? Er aber sprach: Nein, nicht daß ihr das Unkraut zusammenlest und zugleich mit ihm das Korn ausjätet. Laßt beides zusammen wachsen bis zur Ernte. Dann, zur Zeit der Ernte, will ich zu den Schnittern sagen: Lest zuerst das Unkraut zusammen und bindet es in Büscheln, um es zu verbrennen. Das Korn aber sammelt in meine Scheune.

Da kamen seine Jünger zu ihm und sagten: Deute uns das Gleichnis vom Unkraut auf dem Acker. Er aber hob an und sprach: Der Sämann des guten Samens ist der Menschensohn. Der Acker ist die Welt. Der gute Same – das sind die Kinder des Königtums. Das Unkraut sind die Kinder des Bösen. Der Feind, der es säte, ist der Teufel. Die Ernte ist das Voll-Ende der Weltzeit. Die Schnitter aber sind die Engel. Wie nun das Unkraut zusammengelesen und im Feuer verbrannt wird, so wird es sein beim Voll-Ende der Weltzeit. Der Menschensohn wird seine Engel aussenden. Und sie werden zusammenlesen aus seinem Königtum all die Ärgernisse und jene, die Gesetzlosigkeit tun, und sie in den Feuerofen werfen; dort wird sein: das Heulen und Knirschen der Zähne. Dann: Wie die Sonne werden aufleuchten die Gerechten im Königtum ihres Vaters. Wer Ohren hat, der höre!

Dies ist eine sehr, sehr kostbare Parabel. Jesus spricht über Wahrheit, über das Königtum der Himmel, über das Gute und über gutes Tun. Er sagt uns, daß schwierige Umstände oder Zeiten die schlechte Saat in den Acker säen. Mit »Acker« bezeichnet Jesus die Welt. Wir können darunter auch unsere derzeitige Persönlichkeit verstehen, die Summe unserer – guten und schlechten – Elementale. Beide Saaten keimen und wachsen empor, deshalb können wir nicht herauslesen, was wir für böse Gedanken oder Gefühle halten mögen, ohne dabei die guten Regungen zu vernichten.

Doch zur gegebenen Zeit wird die Ernte kommen; das heißt, das Gute wird erkannt, aber auch das Schlechte wird offenkundig werden. Dieser Prozeß findet bei jedem Hinübergehen statt, wenn wir durch die Welten gehen und über unser Leben zurückblicken als Vorbereitung für eine weitere Inkarnation. Dann werden die Erzengel helfen, das Gute jeder Person herauszulesen und schlechte Elementale – das Unkraut – zu entkräften und fortzuwerfen. Wie geschieht das? Mit Einsicht. Der Mensch lebt also gemäß seiner Qualität und bringt gute Frucht hervor, aber auch manches Unkraut. Früher oder später, sagt Jesus, trennen dann »die Schnitter«, das sind die Erzengel und die Engel*, die gute Frucht von dem, was wir böses Unkraut nennen können. Das ist klar. Hier spricht er vom Gesetz von Ursache und Wirkung*, dem überaus klugen Gesetz, und gibt uns eine vollendete Erklärung. Die gute Frucht wird eingesammelt und bewahrt, das Schlechte hingegen verbrannt.

Er spricht von Feuer. Was ist das Feuer in diesem Zusammenhang? Das ist Michael, der Erzengel der Sonne, der klaren Einsicht. Die Einsicht wird jeden Gedanken verbrennen, den sie als böse erkennt. Früher oder später wird die Erntezeit kommen, und ein jeder wird die Wirklichkeit der Dinge erkennen.

Kannst du gut und schlecht leicht unterscheiden? Du siehst wohl die Taten eines Menschen. Du siehst seine Gedanken, Wünsche, Gefühle – aber du weißt nicht, was hinter all dem steht, dessen äußere Form du wahrnimmst. Doch wir wollen nicht urteilen. Das Heranwachsen und Ausreifen der Saat wird uns zeigen, was gut und was schlecht ist. Erst »an ihren Früchten erkennt ihr sie genau« [Mt 7,16].

Das Senfkorn

(Mt 13,31–32)

Mit dem Königtum der Himmel ist es gleich wie mit einem Senfkorn, das ein Mensch nahm und auf seinen Acker säte. Das ist zwar kleiner als alle Samen; ist es aber ausgewachsen, so ist es größer als alle Kräuter und wird ein Baum, so daß die Vögel des Himmels kommen und nisten in seinem Gezweig.

An den rechten Platz gesät, wächst der Senf leichter empor als andere Pflanzen, denn obwohl – wie die Parabel sagt – das Senfkorn der kleinste unter den Samen ist, schießt es doch höher empor als alle Kräuter. Deshalb urteile nicht vorschnell, wenn ein Mensch sich verhält wie ein Kind. Wenn das Leben in ihm genährt und gestärkt wird, wird es wachsen und viel Frucht und Nutzen bringen, sogar Nahrung. Christus wollte, daß wir niemanden verachten, den wir für kindlich oder töricht halten. Solche Menschen brauchen unsere Liebe und Geduld.

Christus legte den kleinen Samen – das Christentum – in guten Boden (Persönlichkeit), und wenn du sie versorgst und hegst, kann die Pflanze so groß werden (die Theose* erreichen), daß Vögel kommen und nisten in ihrem Gezweig. Wer aber sind die Vögel? Das sind Menschen, die Schutz suchen, Fürsorge und Weisung. Jeder, der in Not ist, kann Zuflucht finden, und so kann man anderen zur Hilfe gereichen.

Das Senfkorn steht auch für Wahrheit. Wenn es in uns zu wachsen beginnt, wird es unsere Lebensregel. Bereits ein einfacher Gedanke der Wahrheit kann wachsen und wachsen wie ein Senfkorn und zum Prinzip werden, das uns durch unser Leben leitet. Zuerst ist es so einfach und klein, daß wir es vielleicht nicht als die Wahrheit erkennen, aber wenn wir sie verstanden haben und die Saat gelegt ist, wächst sie empor zu einem ganzen System, das unser Verhalten bestimmt und unseren Charakter veredelt. So ist es mit dem Königtum der Himmel. Es baut die Wahrheit im Innern auf.

Der Sauerteig

(Mt 13,33)

Mit dem Königtum der Himmel ist es gleich wie mit Sauerteig, den eine Frau nahm und unter drei Scheffel Feinmehl steckte, bis es ganz gesäuert war.

Diese Parabel haben wir schon häufig erklärt. Natürlich meinte Jesus hier keine Empfehlung für die Bäcker! Das »Königtum der Himmel« bedeutet das ganze Leben vom Anfang bis zum Ende, das Erkennen und Beleben unseres göttlichen Wesenskerns. Die drei Scheffel Mehl sind die drei Körper: der materielle*, der psychische* und der noetische* Leib – mit ihren jeweiligen ätherischen Doppeln, dem »Sauerteig«.

Wir lehren, daß diese drei Körper die derzeitige Persönlichkeit eines Menschen bilden. Der Mensch hat einen materiellen Körper, einen Gefühls- oder Emotionalkörper und einen denkenden, vernunftbegabten, den noetischen Körper. Die derzeitige Persönlichkeit, in der Parabel: die »Frau«, »vermengt« diese drei Scheffel Mehl – materiellen, psychischen und noetischen Körper – verständig miteinander.

Das Wasser, das die Frau verwenden muß, um den Sauerteig unter das Mehl zu mengen, ist ätherische Vitalität. Es gibt kein verständiges Tun ohne ätherische Energie. Der Sauerteig ist die Substanz, aus der die ätherischen Doppel geschaffen sind; es ist Geistsubstanz* verschiedener Schwingungsfrequenzen. Die ätherischen Doppel dienen als Vorbild und Gußform für jeden Körper sowie als Bindeglied zwischen den drei Körpern.

Das Wasser steht auch für Wahrheit. Solange nicht materieller, psychischer und noetischer Körper eins geworden sind in Wahrheit – wie könnten wir »in das Königtum der Himmel« eintreten? Wenn wir sie nicht verständig miteinander verbinden und vereinen, erfüllt unsere derzeitige Persönlichkeit nicht, wozu sie bestimmt ist. Nur den materiellen mit dem psychischen (dem Emotional-)Körper zu vermengen, ohne auch rechtes Denken und Verstand (den noetischen Körper) hinzuzufügen, ist unzureichend.

Die Persönlichkeit ist eins. Die Frau ist die derzeitige Persönlichkeit, hinter der die permanente Persönlichkeit* steht. Die derzeitige ist gewissermaßen die Verlängerung der permanenten Persönlichkeit. Das ist wie eine Linie mit zwei Enden: Das eine ist die derzeitige Persönlichkeit, das andere bildet die permanente Persönlichkeit. Doch beide sind ganz bestimmt eins. Die derzeitige Persönlichkeit ist hin und wieder die äußere Form der permanenten Persönlichkeit in Raum-Ort-Zeit. Die permanente Persönlichkeit als Ausdruck des Seelen-Ichs* ist eine unwandelbare Persönlichkeit, die die Erfahrungen all ihrer zahlreichen derzeitigen Persönlichkeiten aufnimmt und speichert.

Können wir das Wasser nicht auch als den Puls des Lebens bezeichnen? Mir gefällt dieser Ausdruck. Als Christus zu der Samariterin sprach, sagte er zu ihr am Brunnen: »Gib mir zu trinken.« Das war natürlich gewagt, und sie erwiderte: »Wie kannst du, ein Jude, von mir, einer samaritischen Frau, zu trinken begehren?« (Denn es herrschte große Feindseligkeit zwischen den Samaritern, einem jüdischen Mischvolk, und den Juden.) Er erklärte ihr, daß jeden, der von diesem Brunnen trinkt, von neuem dürsten wird. Er wird mehr und wieder mehr Wasser benötigen. »Wer aber von dem Wasser trinkt, das ich ihm gebe, den wird nimmermehr dürsten.« Da forderte ihn die Frau natürlich auf: »Herr, gib mir dieses Wasser, daß ich nicht mehr durstig werde und hierher zum Schöpfen kommen muß« [vgl. Jh 4,4–15].

Christus nannte sich das Licht der Welt, aber auch das Wasser des Lebens.

Der Schatz im Acker

(Mt 13,44)

Mit dem Königtum der Himmel ist es gleich wie mit einem Schatz, der im Acker verborgen lag. Ein Mann fand ihn und verbarg ihn. Und vor lauter Freude geht und verkauft er all seine Habe und kauft jenen Acker.

Die kostbare Perle

(Mt 13,45–46)

Mit dem Königtum der Himmel ist es gleich wie mit einem Händler, der schöne Perlen suchte. Als er eine gar kostspielige Perle gefunden, ging er von dannen und verkaufte all seine Habe und kaufte sie.

Diese beiden Parabeln ergänzen einander. »Der Acker« in der ersten ist die menschliche Form. »Der Schatz« ist die permanente Persönlichkeit. Wenn einer den Schatz im Akker gefunden hat – das heißt, wenn einer die permanente Persönlichkeit in sich gefunden hat –, so kümmert er sich nicht mehr um äußeren Besitz. Er »verkauft alles« und besinnt sich auf den Schatz: »Das Königtum Gottes ist mitten in euch« [Lk 17,21]. »Kauft jenen Acker« heißt zu erkennen, daß du als die permanente Persönlichkeit im Innern der menschlichen Form bist, daß also du als die Geistseele menschliche Gestalt annimmst.

»Die Perle« in der zweiten Parabel ist unser Seelenselbst-Gewahrsein, ein noch größerer Schatz. Ein Händler war auf der Suche nach schönen Perlen, die er sammelte, aber als er jene überaus kostbare Perle gefunden hatte, kümmerte er sich nicht mehr um die anderen, die er bereits besaß, und fragte nicht nach dem Preis. »Er verkaufte all seine Habe«, um die kostbare Perle zu erwerben. Die er bereits besaß, waren seine niederen Emotionen, seine ungezügelten Wünsche nach materiellem Gewinn. Seine Perlen zu verkaufen heißt, daß er sie aufgab. Sein Leben hatte er damit verbracht, sie zusammenzutragen und zu schätzen, bis er sein inneres Selbst fand, sein Seelenselbst-Gewahrsein. Erst nachdem er seinen Egoismus verbannt hatte – die Summe all seiner anderen Schätze –, konnte er die kostbare Perle erwerben, das Seelenselbst-Gewahrsein, das innere Selbst. Als er es gefunden hatte, suchte er nichts weiter, da er nun die Verwirklichung seines inneren Selbst im Sinne hatte.

Das Fischernetz

(Mt 13,47–50)

Mit dem Königtum der Himmel ist es gleich wie mit einem Schleppnetz, das in den See geworfen ward und Getier aller Art zusammenfing. Und als es voll war, zogen sie es ans Ufer. Sie setzten sich hin, sammelten die Guten in Kübel, die verfaulten aber warfen sie hinaus. So wird es sein beim Voll-Ende der Weltzeit. Die Engel werden ausziehen und die Bösen aus der Mitte der Gerechten sondern und sie in den Feuerofen werfen. Dort wird sein: das Heulen und Knirschen der Zähne.

Was ist dieser Feuerofen, da Heulen und Knirschen der Zähne sind? Das ist die Inkarnation auf der materiellen Ebene. Alle »Fische« – alle Menschen – verfangen sich im gleichen Netz; aber es geht hier nicht um das Netz, sondern um die Qualität, die du entwickelt hast. Nach jedem Hinübergehen betrachten die Erzengel und alle Engel, was sie aus dem »Netz« gesammelt haben. Sie lesen die Guten heraus und werfen die anderen zur weiteren Entwicklung zurück in die materielle Inkarnation.

Jesus spricht von zwei Arten von Feuer, innerem und äußerem Feuer. Beide stammen aus dem ewigwährenden Feuer, aus Gott. Das innere Feuer ist deine wahre Natur, die Geistseele. Das äußere Feuer ist jener Teil des ewigwährenden Feuers, der nutzbar gemacht und in die Welten der (grobstofflichen*, psychischen, noetischen) Materie gestaltet wurde. Der Feuerofen in dieser Parabel ist äußeres Feuer, worunter Jesus die Welten versteht, in denen wir

Erfahrung sammeln, die Welten, in denen »Feuer« läutert. »Die Guten«, die ihre Inkarnationen als Gelegenheiten wahrgenommen haben, ihre Lektionen zu lernen, und die durch das äußere Feuer geläutert sind, werden »eingehen in die Freude ihres Herrn« [Mt 25,21]. Die »Schlechten« aber, die ihre Inkarnation nicht richtig genutzt haben, kehren wieder, um mehr von der Wahrheit zu lernen.

Das ewigwährende Feuer ist Leben, wahres Leben, nicht in der Manifestation als Phänomen* des Lebens, sondern als eine ewige Flamme, die Gott selbst ist. Als eine Geistseele bist du ein Funke des ewigwährenden Feuers, ausgestrahlt von Gott in die materielle Welt, den »Feuerofen« des äußeren Feuers, und doch bist du zugleich ein Teil jenes ewigwährenden Feuers.

Der Schatz des Gelernten

(Mt 13,52)

Darum ist jeder Schriftgelehrte, wenn er Jünger des Königtums der Himmel geworden, einem Hausherrn gleich, der aus seinem Schatz Neues und Altes hervorholt.

»Der Hausherr« ist die Persönlichkeit. Wenn die Persönlichkeit von dem Königtum der Himmel erfahren hat, kann sie aus ihrem »Schatz« kostbaren Besitz, Altes und Neues, hervorholen. Das Alte in dem Schatz (dem permanenten Atom*) sind die Erfahrungen ihrer zahlreichen Ausdrucksformen als derzeitige Persönlichkeiten, das Neue sind die Schätze, die im Königtum der Himmel gefunden wurden: Liebe, Mitgefühl, Einsicht.

Diese Parabel erinnert uns an die Ermahnung Jesu, unsere Schätze im Himmel zu sammeln und nicht auf der Erde, so daß sie nicht verderben können. Dann werden wir unsere Schätze im Königtum der Himmel haben können.

Wo ist der Schatz des Hausherrn? Nicht auf einer materiellen Ebene, sondern »im Himmel, wo weder Motten noch Rost sie verzehren und wo keine Diebe durchgraben und stehlen. Denn: Wo dein Schatz ist, dort ist auch dein Herz« [Mt 6,20–21].

Die Speisung der Fünftausend

(Mt 14,13–21)

Als Jesus das hörte, entwich er von dort in einem Boot an einen öden Ort – abseits. Aber die Scharen hörten es und folgten ihm zu Fuß von den Städten her. Als er ausstieg, sah er viele Leute. Da ward ihm weh um sie, und er machte die Elenden unter ihnen heil. Als es Abend geworden, traten die Jünger zu ihm und sagten: Öd ist der Ort, und die Stunde ist schon vorgerückt; entlaß nun die Scharen, daß sie in die Dörfer gehen und sich Essen kaufen. Aber Jesus sprach zu ihnen: Sie brauchen nicht wegzugehen, gebt ihr ihnen zu essen! Und sie sagten zu ihm: Wir haben nur fünf Brote und zwei Fische hier. Er sprach: Bringt sie her zu mir! Und er gebot den Scharen, sich auf dem Gras zu lagern. Er nahm die fünf Brote und die zwei Fische, blickte zum Himmel auf, sprach die Preisung, brach und gab den Jüngern die Brote, die Jünger aber den Scharen. Und alle aßen und wurden satt. Und den Überschuß der Brocken hoben sie auf – zwölf Körbe voll. Die gegessen hatten, waren an die fünftausend Männer, ohne Frauen und Kinder.

Die Speisung der Viertausend

(Mt 15,32–39)

Jesus aber rief seine Jünger heran und sprach: Mir ist weh um die Leute. Schon drei Tage harren sie bei mir aus und haben nichts zu essen. Aber ich will sie nicht hungrig entlassen, sonst verschmachten sie unterwegs. Sagen die Jünger zu ihm: Woher bekommen wir in einer Einöde so viel Brot, um so viel Leute satt zu machen? Und Jesus sagte zu ihnen: Wieviel Brote habt ihr? Sie sprachen: Sieben, und ein paar Fischlein. Da wies er die Leute an, sich auf der Erde niederzulassen. Er nahm die sieben Brote und die Fische, sprach den Dank, brach und gab sie den Jüngern – die Jünger aber den Scharen. Und alle aßen und wurden satt. Und den Überschuß der Brocken hoben sie auf – sieben Körbe voll. Die gegessen hatten, waren viertausend Männer, ohne Frauen und Kinder.

Im Neuen Testament können wir lesen, daß Jesus einmal fünftausend und ein andermal viertausend Menschen speiste, mit nur wenigen Laiben Brot und ein paar Fischen. Die genaue Anzahl der Menschen, die er speiste, spielt keine besondere Rolle. Wichtig ist hier die Tatsache, daß er Äther in Materie verwandelte. Die Speisung der Menge geschah nicht nur bei einer Gelegenheit. Jesus sättigte auch bei verschiedenen anderen Anlässen größere und kleinere Scharen. Die Evangelisten haben uns nur von zwei Fällen berichtet. Christus nährt auch heute noch Tausende und aber Tausende überall auf dem Planeten.

Jesus sagt: »Ich bin das Brot, das aus dem Himmel niedergestiegen ist« [Jh 6,41]. Im Vaterunser sprechen wir: »Unser tägliches Brot gib uns heute.« Sind Menge oder Geschehen wirklich von Bedeutung? Was ist denn geschehen? Christus, Gott, der Gottmensch wirkte, was wir ein Wunder nennen. Er war der einzige Gottmensch; alle anderen, die ihm folgten und aufstiegen – die Meister –, waren Menschengötter, aufgestiegen über viele Inkarnationen.

Was sagte er beim letzten Abendmahl? Als er das Brot brach und es den Jüngern gab, sprach er: »Nehmt, eßt! Das ist mein Leib« [Mt 26,26] und: »Das Brot, das ich euch geben werde: Das ist mein Fleisch« [Jh 6,51]. Als er ihnen Brot gab, sagte er: »Ich bin das Brot, das aus dem Himmel niedergestiegen ist« [Jh 6,41]. Als er ihnen Wein gab: »Dies ist mein Blut, das Leben gibt.« Diese beiden Opfergaben sind symbolisch sowie auch als real zu verstehen. Indem wir Brot essen, verlängern wir das Leben des materiellen Körpers und der anderen Körper.

Christus, der Gottmensch, war der Meister über alle Elemente. Bei vielen, vielen Gelegenheiten werden uns Phänomene der Materialisation und der Dematerialisation überliefert. War der Gottmensch der einzige solche Meister? Viele andere haben diese Fertigkeit ebenfalls entwickelt, auch in unserer Zeit.

Im Zusammenhang von Materialisation und Dematerialisation sollten wir dem Wirken der Erzengel, der Herren der Elemente, große Achtung zollen. Wir tun solches nicht, nur um Menschen zu beeindrucken und zu faszinieren. Jesus Christus, der Gottmensch, tat alles aus Vollmacht. Menschen besitzen nicht göttliche Vollmacht, sie müssen das Wirken der Erzengel respektieren.

… und ging übers Wasser

(Mt 14,22–33)

Und gleich nötigte er die Jünger, ins Boot zu steigen und ihm zur Jenseite vorauszufahren, derweil er die Scharen entlassen wollte. Nachdem er die Scharen entlassen hatte, stieg er auf einen Berg – abseits, um zu beten. Es war Abend geworden, als er immer noch allein dort war. Das Boot aber hatte sich schon viele Stadien vom Land entfernt, gequält von den Wogen; denn gegenwehig war der Wind. In der vierten Nachtwache aber kam er zu ihnen, einherschreitend auf dem See. Wie die Jünger ihn auf dem See einherschreiten sahen, gerieten sie durcheinander und sagten: Ein Gespenst ist es! Und sie schrien vor Furcht. Aber gleich sprach Jesus sie an und sagte: Faßt euch! Ich bin es. Ängstet euch nicht. Da hob Petrus an und sprach zu ihm: Herr, wenn du es bist, befiehl, daß ich über die Wasser zu dir komme. Er sprach: Komm! Da stieg Petrus aus dem Boot, schritt über die Wasser hin und ging auf Jesus zu. Doch als er den starken Wind erblickte, befiel ihn Furcht. Und da er zu sinken begann, schrie er und sagte: Herr, rette mich! Gleich streckte Jesus die Hand aus, ergriff ihn und sagte zu ihm: Kleingläubiger! Warum hast du gezweifelt? Und als sie ins Boot gestiegen, erlahmte der Wind. Die im Boot aber verneigten sich tief vor ihm und sagten: Wahrhaftig, Gottes Sohn bist du.

Hier schildert die Bibel eine weitere tatsächliche, historische Begebenheit. Wenn die Jünger zum Fischen hinausfuhren, blieb Jesus in der Regel zurück, um zu beten. Aus unserer Bibellektüre wissen wir, daß Christus und die

Jünger sich im Garten Gethsemane zu treffen pflegten. Was sprach er zu ihnen bei solchen Gelegenheiten? Unterwies er sie nicht in Dingen, die er öffentlich, vor der Menge, nicht lehrte? Er sprach zu ihnen etwa über das, was sie mit ihrem Glauben bewirken können. Von solchen Unterweisungen ist an vielen Stellen im Neuen Testament die Rede.

Warum ging Christus über das Wasser? Wollte er die Jünger auf die Probe stellen? Er ging den ganzen Weg vom Ufer bis zu ihrem Boot. Als er sich dem Boot näherte, erinnerte sich Petrus der Unterweisungen im Garten Gethsemane und wollte sich prüfen. Er war der enthusiastische unter den Jüngern. Er sprach: »Herr, wenn du es bist, befiehl, daß ich über die Wasser zu dir komme.« Und Jesus antwortete: »Komm!«

Petrus stellte seinen keimenden Glauben auf die Probe und begann, über das Wasser zu gehen. Als seine Furcht größer wurde als der Glaube, begann er zu sinken. Da rief Petrus Jesus zu Hilfe, und der zog ihn heraus. Christus tadelt ihn: »Ich habe dich so vieles gelehrt. Du weißt das alles, und doch zweifelst du noch.« Christus lehrte seine Jünger: »Wenn ihr Glauben wie ein Senfkorn hättet, so würdet ihr zu diesem Berg sagen: Geh weg von da! Dorthin! Und weggehen wird er« [Mt 17,20]. Sie waren Zeugen so vieler sogenannter Wunder Christi. Sagte er nicht auch: »Diese Werke, die ich tue, die werdet auch ihr tun« [vgl. Jh 14,12]? Manchmal verlor Christus die Geduld und tadelte sie.

Übers Wasser zu gehen war sehr einfach für Christus, den Gottmenschen, den Herrn und Meister über die Elemente und alle Gesetze der Natur. Doch meinst du nicht, daß es auch heute Menschen gibt, die über das Wasser gehen können? Zu allen Zeiten und in allen Teilen der Welt vermochten Menschen, die man Heilige nennt, übers Wasser zu gehen – und nicht nur übers Wasser, sondern auch durch die Luft! Das nennt man Levitation. Somit handelte es sich hier also um eine Demonstration der Levitation oder vielleicht der Halb-Materialisation, durch die er seinen Körper leichter machte als das Wasser.

Er versuchte seinen Jüngern nahezubringen: Durch die Kraft des Glaubens ist dies jedermann möglich.

Die Verklärung

(Mt 17,1–8)

Nach sechs Tagen nimmt Jesus den Petrus, den Jakobus und dessen Bruder Johannes mit und führt sie auf einen hohen Berg – abseits. Da ward er verwandelt vor ihnen: Sein Gesicht erstrahlte wie die Sonne, seine Obergewänder wurden weiß wie das Licht. Und da! Mose und Elija ließen sich vor ihnen sehen, wie sie mit ihm sprachen. Petrus aber hob an und sprach zu Jesus: Herr, gut ist es, daß wir hier sind! Willst du, so mache ich hier drei Zelte: dir eines und Mose eines und Elija eines. Noch redet er – da! Schattend kam eine hell-lichte Wolke über sie her – und da! Eine Stimme aus der Wolke, die sagt: Das ist mein Sohn, der Geliebte, an dem ich Gefallen habe. Hört auf ihn! Als die Jünger das hörten, warfen sie sich auf ihr Gesicht und fürchteten sich sehr. Und Jesus kam her, hielt sie fest und sprach: Wacht auf und ängstet euch nicht. Da hoben sie ihre Augen, und niemand sahen sie – nur ihn, Jesus, allein.

Die Verklärung des Gottmenschen Jesus war Realität. Was geschah, als er mit drei Jüngern (die mehr verstehen konnten als die anderen) zu jenem Berge ging? Der Mensch Jesus/Joshua erhob seine Persönlichkeit auf die Ebene seines göttlichen inneren Selbst, auf die Ebene des Gottmenschen, des Logos. Der Körper von Joshua/Jesus Christus war in einem Zustand, der jenen überaus hohen Schwingungen von Licht und Feuer standhalten konnte, die menschliche Wesen vordem nicht zu ertragen vermochten.

Im Alten Testament wird uns von Elija berichtet, der in einem feurigen Wagen in den Himmel erhoben wurde. Dies war zu sehen, oder man glaubte es zu sehen. Elija, der Menschengott, erreichte seinen göttlichen Zustand und versuchte, sich auf ihn einzustellen. Und was geschah? Sein materieller Körper löste sich in Flammen auf. Von solchen Ereignissen lesen wir nicht nur im Alten und im Neuen Testament, sondern auch in vielen Geschichten aus anderen Ländern. Christus, der Gottmensch, besaß einen Körper, der solchen Schwingungen standzuhalten vermochte, und sein Körper »erstrahlte wie die Sonne«. Er strahlte nicht weniger als die materielle Sonne, vielleicht sogar noch heller. Die Jünger konnten dieses große Licht nicht ertragen, fielen zu Boden und verbargen ihr Gesicht.

Interessanterweise, wenn auch kaum bemerkt, standen Moses und Elija bei ihm. Wer waren sie? Wo waren Moses und Elija zur Zeit Jesu? Waren sie inkarniert? Körperlos? In einem höheren, noch höheren Zustand der Überbewußtheit*? Darüber steht hier nichts geschrieben. Ich glaube, daß sie in einem überbewußten Zustand der Existenz lebten, so daß sie in menschlicher Gestalt erscheinen konnten – doch strahlend hell im Lichte Jesu.

In einem anderen Kapitel lesen wir, daß Jesus, im materiellen Körper noch keine dreiunddreißig Jahre alt, über sein inneres Selbst sagte: »Abraham, euer Vater, jubelte, daß meinen Tag er sehen sollte. Und er sah ihn und war erfreut« [Jh 8,56]. Auch in den Psalmen können wir erfahren: »Ehe denn die Berge und die Erde und alles waren, bist du, Gott« [vgl. Ps 90,2]. *Gott ist.* Jesus sprach also über das ewige Jetzt*, nicht als Vergangenheit, Gegenwart und

Zukunft. Natürlich ärgerten sich die Pharisäer darüber: »Du hast noch keine fünfzig Jahre und willst Abraham gesehen haben?« Sie hoben Steine auf, um auf ihn zu werfen. »Unsere Väter«, sagten sie, »Abraham, Moses, Elija und die anderen, sind gestorben.« Doch er sagte: »Nein! Der Gott Abrahams, der Gott Isaaks und der Gott Jakobs ist kein Gott von Toten, sondern von Lebenden« [vgl. Mt 22,32]. Damit distanzierte sich Christus von der Vorstellung des Todes als einer Auslöschung.

Wenn wir die Bibel lesen, sollten wir unsere Aufmerksamkeit nicht nur auf die Worte richten, sondern auch in den Sinn eindringen und versuchen, die Wahrheit zu erfassen, die er birgt – nicht Jesus lediglich als ein Menschenwesen betrachten, das kaum zu begreifen ist und diese oder jene Phänomene hervorbringt, die wir Wunder nennen. Wir lehren vielmehr, daß es keine Wunder gibt bis auf eines: das Leben. Alles, was je geschah, sind Ereignisse in Zeit und Raum. Wir müssen versuchen, solche Ereignisse zu studieren, nicht nur in der Bibel, sondern in den heiligen Schriften aller Zivilisationen, um zu der Wahrheit durchzudringen, die hinter ihnen steht. Wenn wir uns mit dem Evangelium befassen, sollten wir Jesus Christus kennenlernen, wie er sich selbst vorstellte. »Ich bin der Weg«, das heißt das Geschehen, was sich ereignet. »Ich bin der Weg, die Wahrheit und das Leben.« Außer dem Wege – dem Geschehen, das sich ereignet und ereignen wird – also auch die Wahrheit, die dahintersteht. Leben ist Wahrheit. Wenn wir das Neue Testament studieren, müssen wir Augen haben, zu sehen, und Ohren, zu hören.

Das verirrte Schaf

(Mt 18,12–14)

Was meint ihr? Wenn ein Mann hundert Schafe hat, und es verirrt sich eins von ihnen – läßt er nicht die neunundneunzig auf den Bergen, geht und sucht das verirrte? Und glückt es ihm, es zu finden – wahr ist's, ich sage euch: Er freut sich an ihm mehr als an den neunundneunzig, die sich nicht verirrten. Ebenso ist es nicht der Wille von eurem Vater – dem in den Himmeln –, daß eines dieser Kleinen zugrunde gehe.

Dies ist eine der schönsten Parabeln. Jesus sagt, daß der Vater selbst für den sorgt, der vom Wege abgekommen ist; er holt ihn zurück nach Hause. »Im Augenblick kümmere ich mich mehr um ihn als um jene, die schon hier sind.« Als Jesus sagte: »Er freut sich mehr«, meinte er nicht, daß der Vater dem einen, verirrten Schaf nachging und dabei die anderen neunundneunzig vernachlässigte. Die neunundneunzig sind in Sicherheit. Es heißt also nicht, daß der Vater nur das eine liebte und nicht die anderen. Die in Sicherheit sind, können ein wenig warten, aber das verirrte braucht seine sofortige Zuwendung und Aufmerksamkeit – und es macht ihn glücklich, wenn das eine aus der Gefahr gerettet ist.

- Jesus erklärt die Dinge ganz deutlich. Der Vater im Himmel ist nicht geneigt, auch nur eine einzige Seele im Stich zu lassen. Selbst wenn eine derzeitige Persönlichkeit schläft und sich in den Welten der Trennung* verirrt hat, sorgen der Herr und seine Hirtenhunde – die Erzengel –

für sie. Er wird uns heimrufen, er wird uns finden, wo auch immer wir sind, in welchem Schmutz wir auch liegen, um uns zu leiten und zu beschützen, auf daß wir wieder vereint werden mit dem Vater. Das ist die Liebe Gottes.

Diese Parabel sollten auch jene Priester begreifen, die den Menschen mit einer Hölle aus Feuer und Qualen drohen. Ich habe zu Würdenträgern der Kirche gesprochen: »Was ist das für ein Gott, an den ihr glaubt, daß er die Menschen erschuf, damit sie fünfzig, sechzig oder gar hundert Jahre leben und dann aufgrund ihrer Lebensweise, die ihr böse nennt, auf ewig in eine Feuerhölle gestoßen werden?« Das ist kein barmherziger Gott! Das wäre der schlimmste Sadist, der schlimmste Teufel.

Diese Parabel sollten auch jene lesen, die den Menschen ewige Verdammnis predigen oder androhen. Das Christentum hat sehr viel gelitten durch solche Dummheit und Ignoranz.

Der böse Knecht

(Mt 18,23–35)

Mit dem Königtum der Himmel ist es gleich wie mit einem König, der mit seinen Knechten abrechnen wollte. Als er zu rechnen begann, war ihm einer vorgeführt, der zehntausend Talente schuldete. Da er aber nichts hatte, um zurückzugeben, befahl der Herr, er sei zu verkaufen: er, die Frau und die Kinder und alle seine Habe – und dann sei zurückzugeben. Da warf sich der Knecht nieder, verneigte sich tief vor ihm und sagte: Sei langmütig mit mir, und alles werde ich dir zurückgeben. Da ward dem Herrn weh um jenen Knecht, und er ließ ihn frei. Auch das Darlehen erließ er ihm. Als aber jener Knecht hinausgegangen war, traf er einen seiner Mitknechte, der ihm hundert Denare schuldete. Und er griff und würgte ihn und sagte: Gib zurück, was du schuldest! Da warf sich sein Mitknecht nieder, mutete ihm zu und sagte: Sei langmütig mit mir, und ich werde es dir zurückgeben. Der aber wollte nicht, sondern ging und warf ihn in den Kerker, bis er das Geschuldete zurückgegeben habe. Als nun seine Mitknechte sahen, was geschehen war, betrübten sie sich sehr, kamen zum Herrn und berichteten ihm alles, was geschehen war. Darauf rief sein Herr ihn zu sich und sagte zu ihm: Du böser Knecht! Jene ganze Schuld habe ich dir erlassen, nachdem du mir zugemutet hattest. Hättest nicht auch du dich deines Mitknechts erbarmen müssen, wie ich mich deiner erbarmte? Und zornerfüllt lieferte ihn sein Herr den Folterern aus, bis er alles Geschuldete zurückgegeben habe. So wird auch mein Vater, der himmlische, euch tun, wenn ihr nicht von Herzen erlaßt – ein jeder von euch seinem Bruder.

»Und vergib uns unsere Schuld, so wie wir vergeben unseren Schuldnern.« Mit dieser Parabel illustriert Jesus das Gesetz von Ursache und Wirkung. »Was ein Mensch sät, das wird er auch ernten« [Gal 6,7], mit anderen Worten: Was immer du tust, das wird auch dir geschehen.

Es heißt, daß eine Schuld zu begleichen ist. »Der König«, den die Knechte in der Parabel »Herr« nennen, ist der Herr des Lebens, der Vater. Er ist voller Gnade*. Der Knecht hat eine Schuld zu begleichen. Er ist durch seine Lebensweise für ihre Entstehung verantwortlich. Er hat erkannt, daß seine Lebensweise verkehrt war. Was man gemeinhin Sünde nennt, ist eine Überschreitung des Gesetzes. Nach dem Gesetz von Ursache und Wirkung muß man abzahlen, aber der Vater, »der Herr«, ist voller Gnade. Der Mann kniete vor ihm nieder, und er erließ ihm alles. Das ist die Barmherzigkeit* Gottes.

Als der gleiche Mann hinausging, traf er einen anderen Knecht, der wiederum ihm etwas schuldete. (In dieser Welt schulden wir natürlich ständig, Tag und Nacht, irgend jemandem etwas – wie auch andere uns etwas schuldig sind, Gutes oder Schlechtes.) Er griff ihn sich und verlangte: »Jetzt bezahle, was du mir schuldest!«

Die Parabel lehrt uns, daß der Herr alles weiß und alles sieht. An einer anderen Stelle sagt Jesus: »Alles, was ihr wollt, daß die Menschen euch tun, das tut ihnen ebenso« [Mt 7,12]. Wie können wir, ohne anderen zu vergeben und zu vergessen, was sie gegen uns getan, den Herrn bitten, uns zu vergeben?

Ich habe diese Parabel viele Male gelesen und mit tiefem Nachdenken versucht, ihren Sinn zu erfassen. Ich habe die

Gnade Gottes nicht ganz begreifen können. Wie das Gesetz von Ursache und Wirkung und die göttliche Gnade zusammenwirken, ist schwer zu verstehen. Jesus gibt uns Unabhängigkeit, und doch konstatiert er das Gesetz von Ursache und Wirkung sehr klar. Wir können seine Auswirkungen in unserem täglichen Leben und überall um uns her beobachten. Wir können aber auch das Wirken der göttlichen Gnade sehen.

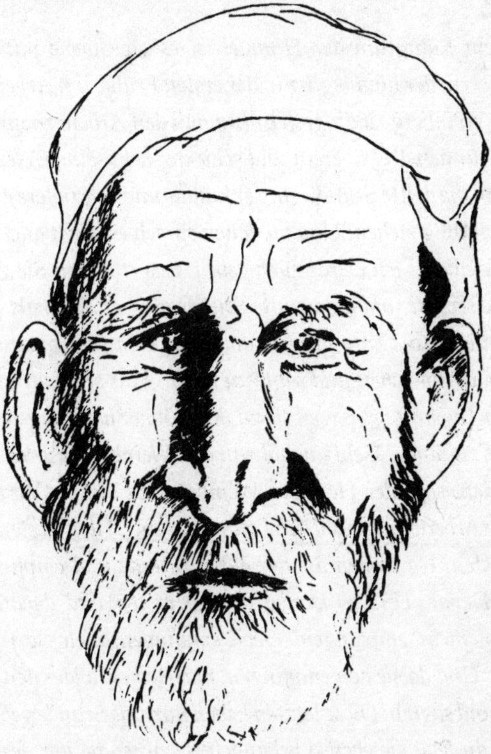

Die Arbeiter im Weinberg

(Mt 20,1–16)

Mit dem Königtum der Himmel ist es gleich wie mit einem Hausherrn, der hinausging in der ersten Frühe, um Arbeiter für seinen Weinberg zu dingen. Er kam mit den Arbeitern um einen Denar für den Tag überein und schickte sie in seinen Weinberg. Und um die dritte Stunde ging er hinaus und sah andere auf dem Markt müßig stehen. Und zu denen sprach er: Geht auch ihr in den Weinberg! Ich werde euch geben, was recht ist. Sie gingen. Um die sechste und die neunte Stunde ging er abermals hinaus und tat ebenso. Dann ging er um die elfte Stunde hinaus, fand andere herumstehen und sagte zu ihnen: Was steht ihr hier den ganzen Tag müßig? Sagen sie zu ihm: Keiner hat uns gedungen. Sagt er zu ihnen: Geht auch ihr in den Weinberg! Als es Abend geworden, sagt der Herr des Weinbergs zu seinem Verwalter: Ruf die Arbeiter und zahl den Lohn aus – zuerst den letzten, dann den ersten. Da kamen die der elften Stunde und empfingen je einen Denar. Und es kamen die der ersten und dachten, sie würden mehr empfangen. Doch empfingen auch sie je einen Denar. Und da sie den empfingen, murrten sie wider den Hausherrn und sagten: Diese letzten haben nur eine Stunde gearbeitet – und du hast sie ebenso behandelt wie uns, die wir des Tages Last und Hitze getragen. Er aber hob an und sprach zu einem von ihnen: Freund, ich tue dir kein Unrecht. Bist du nicht um einen Denar mit mir übereingekommen? Nimm das Deine und geh! Ich will diesem letzten ebensoviel geben wie dir. Oder: Ist es mir nicht erlaubt, mit dem Meinen zu machen, was ich will? Oder: Ist dein Blick böse, weil ich gut bin? So werden die Letzten Erste, und die Ersten werden Letzte.

Diese Parabel handelt ebenfalls von der Liebe und Gnade Gottes. Seine Arbeiter hieß er gewisse Dinge tun und sagte ihnen, wieviel Lohn sie dafür erhalten würden: das Königtum der Himmel – ja, es ist das Königtum der Himmel. Die anderen Arbeiter kamen später. Keinen von ihnen fragte er, was er bis dahin getan hatte. Sie sind Arbeiter, und sie werden in den Weinberg des Lebens eingehen.

Sie alle arbeiteten gut, manche von ihnen weniger Stunden als andere. Als der Herr am Ende der letzten Gruppe das gleiche gab wie den ersten, kam es zu Beschwerden. Doch er sagte: »Seht her! Wieviel, sagte ich, solltet ihr bekommen? Soundso viel. Habt ihr es nicht erhalten? Ihr habt es erhalten. Was geht es euch an, wenn ich großzügig bin und den anderen das gleiche gebe wie euch? Euren Lohn habe ich nicht geschmälert.«

Das Königtum der Himmel wird jedermann gegeben, wann auch immer er zur Vernunft kommt und die Wahrheit erkennt. Gleichgültig, zu welcher Zeit in deinem Leben du die Wahrheit findest, kannst du ins Königtum der Himmel gelangen.

Dies ist wieder etwas, das ich nicht ganz begreife: die Gnade Gottes. Wir haben das Gesetz von Ursache und Wirkung, und wir haben die Gnade Gottes. Tag und Nacht steht diese große Wahrheit vor uns. Es kommt mir nicht zu, zu fragen: »Warum gibst du dem letzten das gleiche, das du dem ersten gabst?«, denn ich weiß um das Wirken von Liebe und Mitgefühl. Aber wie geht das tatsächlich? Die Verbindung des Gesetzes von Ursache und Wirkung mit der göttlichen Gnade ist sehr schwer zu verstehen. Ich werde glücklich sein, wenn ich sie eines Tages verstehe.

Vielleicht geht es hier um viele Erdenleben, doch es ist besser für uns, das in einem Leben zu verstehen. Selbst wenn du aus dem Leben eines verlorenen Sohnes zurückkehrst, wird die Gnade Gottes dir entgegenkommen.

Jede gute Tat trägt ihren Lohn in sich, wie jede schlechte Tat ihre Konsequenzen mit sich bringt. Ich glaube nicht, daß sich jemand den Folgen seines schädlichen Verhaltens entziehen kann.

Es ist das Ziel unseres Lehrens, jedermann zu der rechten Lebensweise zurückzuführen. Wir sollten über die Gnade und Barmherzigkeit Gottes keine Spekulationen anstellen. Sie sind seine Angelegenheit, nicht unsere.

Die ungleichen Söhne

(Mt 21,28–32)

Ein Mann hatte zwei Kinder. Er ging zum ersten und sprach: Mein Kind, gehe, wirke heute im Weinberg! Der aber hob an und sprach: Ja, Herr – ging aber nicht. Er ging zum zweiten und sprach dasselbe. Der aber hob an und sprach: Ich mag nicht! Hinterher aber gereuig, ging er doch. Wer von den beiden hat den Willen des Vaters getan? Sie sagen: Der letztere. Sagt Jesus zu ihnen: Wahr ist's, ich sage euch: Die Zöllner und die Huren kommen vor euch in das Königtum Gottes. Denn: Johannes kam zu euch mit dem Weg der Gerechtheit, doch geglaubt habt ihr ihm nicht. Die Zöllner und Huren aber haben ihm geglaubt. Ihr aber habt es zu sehen bekommen, und doch hat es euch nicht einmal hinterher gereut, so daß ihr ihm geglaubt hättet.

Dies war ein Peitschenhieb gegen die Pharisäer. Es gibt Menschen, die zuerst nicht willens sind, etwas zu tun. Aber später kommen sie zur Vernunft und sehen den Wert des guten Werkes. Und sie tun es. Sie werden gut. Jesus sagt uns, daß wir selbst bei Prostituierten und vielen »sündigen« Menschen feststellen können, daß sie den Willen Gottes tun: Nächstenliebe, Wohlwollen, Dienst am anderen.

Dann gibt es solche, die behaupten, gut zu sein – die Frommen, die Priester und Pharisäer ihrer Zeit –, die aber nur Lippenbekenntnisse zum Willen Gottes ablegen. Wer von ihnen liebt ihn mehr? Ein atheistischer Kommunist, der freizügig das teilt, was er hat – oder ein Pharisäer des zwanzigsten Jahrhunderts, der seine Schätze auf Erden sammelt?

Der Weingärtner

(Mt 21,33–41, 43)

Da war einer – ein Hausherr. Der pflanzte einen Weinberg, legte einen Zaun darum, grub einen Keltertrog darin und baute einen Turm. Dann verpachtete er ihn an Bauern und zog außer Landes. Als die Früchtezeit herangenaht, sandte er seine Knechte zu den Bauern, um seine Früchte zu holen. Doch die Bauern packten seine Knechte: Den schlugen, jenen töteten, den anderen steinigten sie. Abermals sandte er andere Knechte, mehr als das erstemal. Und mit denen machten sie es ebenso. Zuletzt sandte er seinen Sohn zu ihnen, da er sich sagte: Vor meinem Sohn werden sie zurückscheuen. Als aber die Bauern den Sohn sahen, sprachen sie untereinander: Das ist der Erbe! Los, töten wir ihn, dann haben wir sein Erbteil. Und sie packten ihn, warfen ihn aus dem Weinberg hinaus und töteten ihn. Wenn nun der Herr des Weinbergs kommt, was wird er tun mit jenen Bauern? Sagen sie zu ihm: Er wird die Üblen übel zugrunde richten und den Weinberg an andere Bauern verpachten, die ihm zu deren Zeiten die Früchte abgeben.

Darum sage ich euch: Euch wird entrissen das Königtum Gottes und einer Volksgemeinschaft gegeben, die ihre Früchte bringt.

»Der Weinberg«, das ist der göttliche Plan für die Welt und das Leben als Phänomen in der Welt. Diese Parabel erzählt uns, daß der Hausherr einen Weinberg anlegte und »einen Zaun darum« legte; das heißt, er erschuf die menschliche Form mit ihren Körpern. Jeder von uns ist ein Weinberg.

Dann vertraute er den Weinberg der Aufsicht von Weinbauern an – er sandte den Menschen in die Welten der Trennung.

Als der Hausherr die Zeit für gekommen hielt, schickte er einige seiner Knechte zum Weinberg. Aber jene Weinbauern wollten den Wünschen des Herrn nicht nachkommen, und so taten sie, was ihnen gefiel. Sie töteten die Knechte, die er ausgeschickt hatte. Die Knechte, damit meinte Jesus die Propheten, die von Zeit zu Zeit zum jüdischen Volk gekommen waren und die mißhandelt und ermordet wurden.

Der Hausherr sagt in der Parabel: »Jetzt will ich meinen Sohn schicken; ihn werden sie achten. Er ist mein Sohn, er ist nicht bloß ein Knecht.« Der Sohn ist der Christus. Er predigt nicht nur – wie die Propheten –, sondern er kündet auch vom Königtum der Himmel. Die Weinbauern erkannten, daß er der Erbe jenes »Besitzes« war – des Lebens, das heißt aller Phänomene des Lebens in den Welten. »Laßt uns ihn töten, dann bekommen wir sein Erbe.«

Die Parabel fragt weiter, was mit jenen schlechten Menschen geschehen werde, die seine Knechte ermordeten – die Propheten – und sogar seinen Sohn, den Christus. »Euch wird entrissen das Königtum Gottes.« Eine Volks- oder religiöse Gemeinschaft, die ihre Propheten ignoriert oder gar tötet, verliert eine kostbare Gelegenheit, vom »Königtum Gottes« zu erfahren. Diese Äußerung Christi besagt unmißverständlich, daß die Propheten in solche Länder kommen werden, die bereit sind, sie zu empfangen. Keiner wird auf seiner Wahrheitssuche bevorzugt, wir sind alle gleichermaßen Menschen; doch manche Kulturen und Religionen schätzen und ehren ihre Propheten und Weisen, andere beschimpfen und mißhandeln sie. Ein Volk, das seine Wahrheitsbringer mordet, wird seine Überzeugungen ändern und reformieren müssen, um der Boten und des Königtums Gottes würdig zu werden.

Das Hochzeitsmahl

(Mt 22,2–14)

Mit dem Königtum der Himmel ist es gleich wie mit einem König, der für seinen Sohn die Hochzeit ausrichtete. Und er sandte seine Knechte, um die Geladenen zur Hochzeit zu rufen. Aber sie wollten nicht kommen. Abermals sandte er andere Knechte: Sagt den Geladenen: Da! Ich habe mein Mahl bereitet. Meine Stiere und das Mastvieh sind geschlachtet, alles ist bereit – auf zur Hochzeit! Doch unbekümmert darum gingen sie: der auf seinen Acker, jener in sein Handelsgeschäft. Die übrigen gar griffen seine Knechte, demütigten sie und brachten sie um. Darüber geriet der König in Zorn und schickte seine Kampftruppen, richtete jene Mörder zugrunde und steckte ihre Stadt in Brand. Dann sagte er zu seinen Knechten: Die Hochzeit ist bereit, aber die Geladenen waren es nicht wert. Geht nun an die Ausfallstraßen und ruft alle, so viele ihr da trefft, zur Hochzeit. Und jene Knechte gingen hinaus auf die Straßen und holten alle zusammen, die sie trafen: Böse wie Gute. Und voll ward der Hochzeitssaal mit Leuten, die zu Tisch lagen.

Als aber der König hereinkam, um nach denen zu schauen, die zu Tisch lagen, sah er dort einen Menschen, der mit keinem Hochzeitskleid bekleidet war. Und er sagte zu ihm: Freund, wie bist du da hereingekommen, ohne ein Hochzeitskleid anzuhaben? Der aber blieb stumm. Darauf sprach der König zu den Dienern: Fesselt ihn an Händen und Füßen, und werft ihn hinaus in die äußerste Finsternis. Dort wird sein: das Heulen und Knirschen der Zähne. Denn viele sind gerufen, aber nur wenige erwählt.

Parallelversion

(Lk 14,16–24)

Ein Mensch wollte ein großes Mahl ausrichten – und er lud viele ein. Und er sandte zur Stunde des Mahls seinen Knecht, um zu den Geladenen zu sprechen: Kommt, es steht schon bereit! Und sie begannen – allesamt einhellig – sich zu entschuldigen. Der erste sprach zu ihm: Ich habe einen Acker gekauft, und notgedrungen muß ich hinaus, um ihn zu besichtigen. Ich bitte dich, halte mich für entschuldigt. Ein anderer sprach: Ich habe fünf Joch Ochsen gekauft und bin unterwegs, um sie zu prüfen. Ich bitte dich, halte mich für entschuldigt. Und ein anderer sprach: Ich habe soeben eine Frau geheiratet und kann deshalb nicht kommen. Der Knecht kam und berichtete seinem Herrn. Und der Hausherr geriet in Zorn und sprach zu seinem Knecht: Schnell, geh hinaus auf die Straßen und Gassen der Stadt, und führ die Armen und Krüppel und die Blinden und Lahmen hier herein. Dann sprach der Knecht: Herr, es ist geschehen, was du angeordnet hast – aber noch ist Platz. Und der Herr sprach zu dem Knecht: Geh hinaus, die Wege und Zäune entlang, und nötige hereinzukommen, damit mein Haus gesteckt voll werde. So sage ich euch denn: Keiner von jenen Männern, die geladen waren, wird mein Mahl kosten.

»Die Hochzeit« (oder »das große Mahl«) in diesen Texten ist die Schöpfung. Es ist Gottes Schöpfung durch seinen Sohn (gemeinsam mit dem Heiligen Geist*), seine Emanation als Logos, »durch den alle Dinge erschaffen sind« [Kol 1,16]. Schöpfung ist Äußerung und Resultat der Schaffensfreude* der absoluten Seinsheit. Die Schöpfung manifestiert sich mit einem Ziel. Das ist die Bedeutung des »Festes«.

Der König hatte zu dem Fest eingeladen, aber die Menschen sahen in dem Fest – der Schöpfung, dem Königtum der Himmel, dem Leben in der materiellen und in anderen Welten – etwas, für das sie keine Zeit hatten. Sie nahmen die Einladung des Königs nicht an. Diese Parabel ist besonders an jene gerichtet, die sich für Gottes Auserwählte halten, an Menschen, die in ihrem Leben in der materiellen Welt festgefahren sind.

In der Lukas-Version der gleichen Parabel hatte jeder eine Entschuldigung. »Ich habe zehn Ochsen gekauft und muß gehen, um sie anzusehen.« Ein anderer sagte: »Ich habe eine Frau geheiratet; ich habe andere Sorgen.« Im Grunde genommen sagten sie: »Ich mache mir nichts aus deinem Königtum der Himmel oder dem Fest. Ich kümmere mich nur um das, was mich selbst interessiert. Ich habe keine Zeit für dein Fest.« Sie alle hatten Ausreden, je nach ihren materiellen Interessen.

Was bedeutet nun die »Einladung«? Wir sind eingeladen, in Übereinstimmung mit den göttlichen Gesetzen zu leben, das heißt gemäß den Geboten von Liebe, Mitgefühl und Einsicht. Im Matthäus-Evangelium werden die ausgesandten Knechte von den Eingeladenen getötet. Diese Stelle bezieht sich auf das jüdische Volk, das viele seiner Propheten tötete, die Knechte und Sendboten Gottes. Doch das Fest, die Schöpfung, geht weiter.

Der König war erzürnt und schickte seine Truppen aus, um die Mörder zu bestrafen. Wer gegen die göttlichen

Gesetze handelt, wird die Folgen seiner Untaten zu tragen haben. Diese Parabel ist sehr pointiert, ja auch übertrieben formuliert. Natürlich ist Gott kein gekränkter König.

Der König also schickte seine Knechte aus: »Bringt alle herein zu meinem Fest. Geht hinaus auf die Straßen und Wege«, das heißt: überall. »Gehet hinaus in die Welt.« Sandte nicht auch Jesus seine Jünger hinaus in alle Welt, um die Menschen zum Königtum der Himmel zu rufen? Wie viele folgen dem Ruf? Sie haben ihre materiellen Interessen und Traditionen. Aber der Ruf heißt: »Sucht doch zuerst nach dem Königtum Gottes« [Mt 6,33].

Nun trafen die ersten Gäste ein. Um an dem Fest teilzunehmen, muß man die rechte Kleidung tragen, das heißt Reinheit im noetischen und psychischen Körper, also Reinheit der Gedanken und Gefühle. Diese beiden Körper sind würdig, an dem Fest teilzuhaben, Liebe und Einsicht zum Ausdruck zu bringen. Als der König kam, fand er einen Gast, der kein Hochzeitsgewand anhatte. »Wie bist du hereingekommen?« fragte er ihn. »Dies ist nicht dein Platz. Du hast nicht die rechte Kleidung für mein Fest.« Er befahl seinen Dienern, ihn »in die äußerste Finsternis« zu werfen, »dort wird sein: das Heulen und Knirschen der Zähne«. Was bedeutet das? Wiederverkörperung im materiellen Leben. Finden wir nicht ebensolche Pein in der materiellen Welt? Jesus spricht vom »Heulen und Knirschen der Zähne«, andere bezeichnen es als »Hölle«. Wir verstehen darunter die Welten der Trennung: die noetische, die psychische und die materielle. In diesen Welten gibt es Höllen und Paradiese. Und das Fest. Und das Königtum der Himmel.

Der Feigenbaum

(Mt 24,32–35)

Vom Feigenbaum aber lehrt das Gleichnis: Wenn sein Zweig schon saftweich wird und sprießen die Blätter, so erkennt ihr, daß nah ist der Sommer. So auch wißt ihr: Wenn ihr das alles seht, so erkennt, daß er nah ist am Tor. Wahr ist's, ich sage euch: Dieses Geschlecht wird nicht vergehen, bis all das geschieht. Der Himmel und die Erde werden vergehen: Meine Worte aber werden nimmer vergehen.

Dies ist ein Bild der Gesetzmäßigkeit: Feigenbäume werfen im Winter ihre Blätter ab, und wenn wir neue Blätter sprießen sehen, so wissen wir, daß der Sommer nicht weit ist. Das ist der Prozeß des Wachstums, dem wir alle unterliegen. Du mußt den Ereignissen folgen, und jedes Phänomen geschieht zu seiner rechten Zeit. Der Zyklus des Wachsens ereignet sich, ob du es willst oder nicht. Geburt muß eintreten – die neuen Blätter – und dann Wachstum und Hinübergang. Schließlich fallen die Blätter zur Erde, da der Winter naht, das heißt das Alter. Keine Generation kann sich diesem Kreislauf entziehen. Alles untersteht einem Zyklus von Geburt, Wachstum und Tod oder Verwandlung.

Jede heilige Monadenform* ist vollkommen und vollständig. Jede Form birgt einen Möglichkeitszyklus*, der in Zeit und Raum den Lebenslauf jeder Ausdrucksform markiert. Die menschliche Form ist hiervon nicht ausgenommen. Der Möglichkeitszyklus der menschlichen Form besteht aus einem Zyklus und Unterzyklen. Es gibt einen weiten, alles überspannenden Zyklus: unseren Hinabstieg in die Universen der Erfahrung, am Ende gefolgt von unserer Rückkehr nach Hause, in die Vollendung der Geistseele. Ein geringerer Zyklus zeigt, daß wir aufeinanderfolgende Inkarnationen erleben, Geburt und Wiedergeburt, mit dem Ziele einer steten Erweiterung der Bewußtheit – den Aufbau der permanenten Persönlichkeit. Darunter und in einem kleineren zeitlichen und räumlichen Rahmen – dem einer einzelnen Lebenszeit – finden wir den Prozeß des materiellen Wachstums und Zerfalls mit dem Ziele, Weisheit und Wissen für eine zeitliche Persönlichkeit* zu erwerben und den Charakter zu entfalten und zu veredeln. »Tag um Tag sterbe ich«, schrieb Paulus [1Ko 15,31] und bezog sich damit auf das kontinuierliche Sterben des Alten und die Geburt des Neuen.

Alles, jede Form, untersteht dem Gesetz. Christus sagt: »Ich bin der Weg« – das heißt der Prozeß –, und er sagt: »Ehe denn Abraham ward, bin ich« [Jh 8,58]. Das Wort Christi, des Logos, ist universell und ewig, und es wird nie vergehen.

Der treue Knecht

(Mt 24,45–51)

Wer ist also der treue und verständige Knecht, den der Herr über sein Hausgesinde gesetzt hat, damit er ihnen Zehr gebe zur Zeit? Selig jener Knecht, den sein Herr, wenn er kommt, bei solchem Tun antrifft. Wahr ist's, ich sage euch: Über all sein Hab und Gut wird er ihn setzen. Wenn aber jener üble Knecht in seinem Herzen sagt: Mein Herr läßt sich Zeit, und wenn er anfängt, seine Mitknechte zu prügeln, wenn er schmaust und mit den Rauschbolden trinkt, dann wird der Herr jenes Knechts an einem Tag kommen, an dem er es nicht erwartet, und zu einer Stunde, die er nicht kennt. Und er wird ihn entzweihauen und ihm so sein Teil unter den Blendern zuweisen. Dort wird sein: das Heulen und Knirschen der Zähne.

Dies ist eine sehr ermutigende Parabel. Der Herr gab seinem Knecht – das heißt jedem Menschen – von seinem Besitz. Was ist der Besitz? Es ist Geistsubstanz als Materie, als Gefühl und als Vernunft. Was aber tut der üble Knecht? Er streitet mit seinen Mitmenschen, bestiehlt und tötet sie sogar. Solches geschieht zur Zeit auf unserem Planeten.

Aber das Gesetz und der Herr sehen, was geschieht. Früher oder später wird der üble Knecht hinübergehen und die Folgen seines Handelns sehen. Er wird nicht auf der materiellen Ebene bleiben, sein verderbtes Leben nicht für immer fortführen. Wenn es zur Abrechnung kommt, wird er geworfen, wo da sind »das Heulen und Knirschen der Zähne« – das heißt in die Wiederverkörperung, bis er die Lektionen gelernt hat.

Verheißungsvoll jedoch ist: Dem Knecht, der treu verwaltet, was der Herr ihm anvertraute – den materiellen und die anderen Körper und alle sonstigen Gottesgaben –, wird alles anvertraut. »Über wenig warst du treu, über vieles will ich dich setzen« [Mt 25,23]. »All sein Hab und Gut« bedeutet: die Universen! Diese Parabel ist eine Erweiterung der Parabel von den Talenten. Der getreue Knecht gebraucht sein Leben und seine Gaben verständig.

Die klugen und die törichten Jungfrauen

(Mt 25,1–13)

Dann ist es mit dem Königtum der Himmel gleich wie mit zehn Jungfrauen, die ihre Lampen nahmen und hinauszogen – dem Bräutigam entgegen. Fünf von ihnen waren dem Aberwitz verfallen, und fünf waren verständig. So hatten denn die Aberwitzigen nur die Lampen, aber kein Öl mitgenommen. Die Verständigen dagegen hatten Öl in ihren Krügen samt ihren Lampen mitgenommen. Als der Bräutigam sich Zeit ließ, nickten alle ein und schliefen. Mitten in der Nacht aber erscholl ein Schrei: Da – der Bräutigam! Hinaus – ihm entgegen! Da richteten sich all jene Jungfrauen auf und brachten ihre Lampen in Ordnung. Und die dem Aberwitz Verfallenen sprachen zu den Verständigen: Gebt uns von eurem Öl, unsere Lampen erlöschen! Da hoben die Verständigen an und sagten: Nimmermehr! Es ist doch nicht genug für euch und uns, geht lieber zu den Krämern und kauft es euch. Doch indes sie kaufen gingen, kam der Bräutigam. Und die bereit waren, zogen mit ihm zur Hochzeit ein. Und das Tor ward geschlossen. Später kamen auch die übrigen Jungfrauen und sagten: Herr, Herr, mach uns auf! Er aber antwortete und sprach: Wahr ist's, ich sage euch: Von euch weiß ich nichts. Wachet also! Denn ihr wißt weder den Tag noch die Stunde.

Jede der beiden Gruppen von fünf Jungfrauen mit ihren Öllampen steht für die zeitliche Persönlichkeit mit ihren fünf Sinnen. Manche gehen vernünftig damit um, andere töricht. Eine Gruppe gebraucht ihre Sinne verständig: Sie haben »Öl«, das Licht gibt. Die Klugen haben Licht, das heißt rechtes Denken und rechtes Fühlen. Die anderen achten nicht auf das, was ihre Sinne ihnen sagen. Was geschieht mit denen, die ihre Gaben, ihre fünf Sinne, vernachlässigen oder mißbrauchen? Die Törichten bleiben im Dunkel.

Worauf warten sie? Das »Kommen des Bräutigams« ist unser Erwachen für unser Seelen-Ich. Niemand weiß die Stunde. Doch früher oder später wird es kommen.

Angenommen, du hast eine Persönlichkeit, die von den fünf Sinnen sehr schlechten Gebrauch macht. Wie wird diese Persönlichkeit dahin gelangen, das Kommen des Herrn zu erkennen? Wer ist der Herr? Wer ist der Bräutigam? Das Seelen-Ich, die Verwirklichung unserer göttlichen Wesensnatur in der Theose.

Eine zeitliche Persönlichkeit ohne Öl in ihrer Lampe wird das Göttliche nicht sehen können. Das Öl ist Einsicht, die die fünf Sinne erhellt.

Die anvertrauten Pfunde

(Mt 25,14–30)

[Mit dem Königtum der Himmel ist es] gleich wie bei einem Menschen, der außer Landes gehen wollte, seine Knechte rief und ihnen sein Hab und Gut übergab. Dem einen gab er fünf Talente, dem anderen zwei, einem dritten eins: jedem nach seiner Tüchtigkeit. Und er ging außer Landes. Sogleich machte sich der Empfänger der fünf Talente auf, wirkte damit und gewann fünf dazu. Ebenso gewann der mit den zweien zwei dazu. Der Empfänger des einen aber ging, grub die Erde auf und versteckte das Geld seines Herrn.

Nach langer Zeit kam der Herr jener Knechte und hielt Abrechnung mit ihnen. Da trat der Empfänger der fünf Talente heran, brachte weitere fünf Talente und sagte: Herr, fünf Talente hast du mir übergeben – sieh her: Weitere fünf Talente gewann ich dazu. Sprach sein Herr zu ihm: Recht so, du guter und treuer Knecht! Über wenig warst du treu, über vieles will ich dich setzen. Komm herein zum Freudenfest deines Herrn. Da trat auch der mit den zwei Talenten heran und sprach: Herr, zwei Talente hast du mir übergeben – sieh her: Weitere fünf Talente gewann ich dazu. Sprach sein Herr zu ihm: Recht so, du guter und treuer Knecht! Über wenig warst du treu, über vieles will ich dich setzen. Komm herein zum Freudenfest deines Herrn. Da trat auch der Empfänger des einen Talents heran und sprach: Herr, ich habe dich kennengelernt: Du bist ein harter Mensch. Du erntest, wo du nicht gesät, und sammelst, wo du nicht ausgestreut hast. Also beschlich mich Furcht; ich ging und versteckte dein Talent in der Erde. Sieh her, da hast du das Deine.

Sein Herr aber hob an und sprach zu ihm: Du böser und säumiger Knecht! Du wußtest, daß ich ernte, wo ich nicht gesät, und sammle, wo ich nicht ausgestreut habe. Du mußtest also mein Geld bei den Bankleuten anlegen, und heimgekehrt, hätte ich das Meine samt Zinsen geholt. Nehmt ihm also das Talent weg und gebt es dem, der die zehn Talente hat. Denn: Jedem, der hat – dem wird gegeben, ja überreich geschenkt. Wer aber nicht hat, dem wird auch das, was er hat, genommen. Und den nichtsnutzigen Knecht werft hinaus in die äußerste Finsternis! Dort wird sein: das Heulen und Knirschen der Zähne.

Das Talent war eine große römische Gewichts- und Münzeinheit und entsprach etwa dreißig Kilogramm Silber. Die fünf Talente sind der materielle Körper, das ätherische Doppel des materiellen Körpers, der psychische Leib mit seinem ätherischen Doppel und der noetische Körper – zusammen fünf.

Der erste Knecht machte diese fünf zu zehn. Das bedeutet: Entwicklung unserer Natur auf höheren Ebenen des Universums. Wir wissen von sieben Himmeln, können aber nur vier davon und die Hälfte des fünften erfahren im sogenannten mentalen* und kausalen* Zustand.

Was ist das »Freudenfest des Herrn«? Es gibt einen Unterschied zwischen der Freude des Herrn und der Freude, die wir kennen. Unsere Freude ist die Selbstzufriedenheit beim Erwerb und Besitz von Dingen. Die Freude unseres Herrn liegt im Erschaffen und Beherrschen von Universen.

Dem nächsten Knecht vertraute er zwei Talente an, das bedeutet einen materiellen und einen psychischen Körper.

Der Knecht hatte zeit seines Lebens mit ihnen gearbeitet, und als der Herr wiederkam, meldete er ihm: »Herr, du hast mir zwei Talente gegeben; hier sind nun vier.« Das heißt, er hatte einen materiellen und einen Emotionalkörper erhalten und hat nun seinen noetischen Körper und seinen mentalen Zustand entfaltet.

Doch nun wollen wir diesen Knecht genau betrachten, der die zwei Talente erhalten hatte und vier daraus machte, denn das ist für uns von besonderem Interesse. Ein materieller und ein Gefühlsleib sind uns gegeben, und wir entfalten unsere beiden Körper des Denkens und der Einsicht. Wir veredeln unsere höhere Wesensnatur.

Was bedeutet solche Veredelung? Von der Unterbewußtheit zur Selbstbewußtheit* und sogar zur Überbewußtheit: das ist die Verwirklichung des inneren Selbst. Was sagte der Herr zu diesem Knecht? »Komm herein zum Freudenfest deines Herrn.« Auf diesen Punkt sollten wir achten. Denn was ist das Freudenfest des Herrn, das Vergnügen der absoluten Seinsheit? Die Schöpfung ist die Freude unseres Herrn.

Der Herr gab dem letzten Knecht ein Talent. Dieses eine Talent ist der materielle Körper. Als die Zeit der Abrechnung kam – so die Parabel –, fragte der Herr den Knecht, dem er das eine Talent gegeben hatte: »Was hast du mit deinem Talent getan?« Dieser aber antwortete: »Sieh her, ich habe es in der Erde verborgen, weil ich wußte, daß du kommen würdest. Du gabst mir ein Talent – hier hast du es zurück!« Und der Herr erwiderte: »Nein. Du hättest es so anlegen sollen, daß es einen Gewinn gebracht hätte.« Das heißt: »Ich habe dir einen Körper gegeben, und du

gabst ihn einfach an die Erde zurück und nichts weiter. Du bist genau das geblieben, was du warst, ohne einen Gewinn. – Nehmt ihn aus dem Körper, den ich ihm gegeben«, sagte der Herr dann. »Er hat ihn nur in der Erde vergraben, in der Materie, und nichts daraus gemacht. Werft ihn zurück in die Finsternis« (die materielle Welt). Finsternis aber ist Unwissenheit. Dies ist also eine warnende Parabel.

Die unendliche Seinsheit vertraut seinen getreuen Knechten seine Freude an. Diese Parabel offenbart viel von der Wahrheit über die Schöpfung und über den Platz des Menschen mit seinen Körpern in Gottes Schöpfung. Was ist Schöpfung? Etwas von der Antwort auf diese Frage können wir aus der Parabel vom verlorenen Sohn erfahren (vgl. Lk 15,11–32).

Die Schafe und die Böcke

(Mt 25,31–46)

Wenn der Menschensohn in seiner Herrlichkeit kommt und alle Engel mit ihm, dann wird er sich setzen auf den Thron seiner Herrlichkeit. Und alle Völker werden vor ihm versammelt, und er wird sie voneinander sondern, wie der Hirt die Schafe von den Ziegen sondert. Und die Schafe wird er zu seiner Rechten stellen, die Ziegen zur Linken.

Dann wird der König denen zu seiner Rechten sagen: Herbei, ihr Gepriesenen meines Vaters! Nehmt zum Erbe das Königtum, das euch bereitet ist seit Urbeginn der Welt. Denn hungrig war ich – und ihr habt mir zu essen gegeben. Durstig war ich – und ihr habt mich getränkt. Fremdling war ich – und ihr habt mich aufgenommen. Nackt – und ihr habt mich gewandet. Krank war ich – und ihr habt nach mir gesehen. Im Kerker war ich – und ihr seid zu mir gekommen. Dann werden die Gerechten anheben und sagen: Herr, wann haben wir dich hungrig gesehen und dich gespeist oder durstig und dich getränkt? Wann haben wir dich fremd gesehen und dich aufgenommen oder nackt und dich gewandet? Wann haben wir dich krank oder im Kerker gesehen und sind zu dir gekommen? Und der König wird anheben und zu ihnen sagen: Wahr ist's, ich sage euch: Soviel ihr nur einem dieser meiner geringsten Brüder getan – mir habt ihr es getan.

Dann wird er auch denen zur Linken sagen: Geht weg von mir, ihr Verfluchten! Ins unendliche Feuer, das dem Teufel und seinen Engeln bereitet ist. Denn hungrig war ich – und ihr habt mir nicht zu essen gegeben. Durstig war ich – und ihr habt mich nicht getränkt. Fremdling war ich – und ihr habt mich nicht aufgenommen. Nackt – und ihr habt mich nicht gewandet. Krank und im Kerker – und ihr habt nicht nach mir geschaut. Dann werden auch sie antworten und sagen: Herr, wann haben wir dich hungrig oder durstig oder fremd oder nackt oder krank oder im Kerker gesehen und haben dir nicht gedient? Dann wird er anheben und ihnen sagen: Wahr ist's, ich sage euch: Soviel ihr einem dieser Geringsten nicht getan – mir habt ihr es nicht getan. Und diese werden hingehen in unendliche Pein; die Gerechten aber in unendliches Leben.

Was ist unser Glaube? Christus, der Christus Jesus, ist Gott, der Logos als Ausdruck der absoluten Seinsheit. Johannes bezeichnet Christus am Anfang seines Evangeliums als »das wahre Licht, das erleuchtet jeden Menschen, kommend in die Welt« [Jh 1,9]. Aber der Christus ist nicht nur eine Person, Jesus oder Joshua, sondern ein Prinzip, das Prinzip des Lebens und des Selbstgewahrseins*.

Indem wir unsere Wahrnehmung der höheren Welten entfalten, nähern wir uns dem Christus, bis wir uns als eins mit dem Christus spüren. Dies bezeichnen wir als das Einssein* mit dem Logos. Wenn wir diese Stufe erreichen, haben wir immer noch unser Ich, aber wir sind wie er, und »wir alle, die wir unverhüllten Angesichts die Herrlichkeit des Herrn widerspiegeln: Wir werden in sein Ebenbild verwandelt« [2Ko 3,18]. Die Gerechten erkennen: Was auch immer sie an einem anderen getan haben, das haben sie an Christus getan.

Die anderen aber werden vom Christus, vom Logos, nicht verdammt. Sie stehen bereits unter dem Fluch der

Trennung. Was sie ihren Brüdern nicht getan haben, haben sie dem König nicht getan.

In dieser Parabel zeigt uns Jesus, daß wir alle »einander« sind. So erleben die Erzengel das Einssein: eins mit allem und alles in einem. Menschen spüren das nicht, weil wir in den Welten der Trennung leben.

Obwohl wir separate Ichs sind und jeder seine eigene Ichheit besitzt, sind wir doch eins mit Christus, wie uns diese Parabel verdeutlicht. Wir sind Leben. Solange wir dies nicht erkennen, werden wir das Einssein mit Christus nicht erfahren: Wenn wir es verstehen, werden wir sehen: Was auch immer wir den anderen tun, tun wir uns selbst – und ihm.

Die Saat geht auf

(Mk 4,26–29)

So ist es mit dem Königtum Gottes: wie wenn ein Mensch den Samen auf die Erde wirft und schläft und aufwacht nachts und tags. Und der Same sproßt und macht sich lang, wie – er weiß es nicht. Von selber trägt die Erde Frucht, erst Halm, dann Ähre, dann in der Ähre volles Korn. Wann die Frucht es gewährt, gleich sendet er die Sichel, denn die Ernte ist da.

Diese Parabel ähnelt jener vom Feigenbaum (vgl. Mt 24, 32–35), sie illustriert ebenfalls die Beherrschung des Geistes.

Das Leben auf der Erde wandelt sich und reift; das ist der göttliche Plan. Wir werden Zeuge von Schwangerschaft, Geburt, Wachstum und Wandel – ob wir wachen oder fest schlafen, ob wir sie verstehen oder nicht. Diese Stufen bestimmt das Gesetz für die Phänomene des Lebens. Eines Tages wird die Saat, die gelegt ist, Frucht tragen.

Die Parabel beschreibt das Wirken des Herrn und der Erzengel der Elemente beim Hervorbringen der Phänomene des Lebens. Es zeigt die Entfaltung und Erfüllung des Möglichkeitszyklus für jedes Wesen und jede Form; er ist herrlich und eingebettet in Gottes Weisheit.

Die Parabel handelt auch von Ursache und Wirkung. »Ein Mensch wirft den Samen auf die Erde, und er schläft und wacht nachts und tags« bedeutet: Er tut Dinge – gute und schlechte –, aber er ist sich der Folgen nicht immer bewußt. Wenn es an der Zeit ist, die Ernte einzubringen, sieht er die Ergebnisse.

Das Gesetz von Ursache und Wirkung dient dem Gesetz des Lebens. Was ist das Gesetz des Lebens? Es ist die Entfaltung und Läuterung des Bewußtseins.

Diese Parabel beschreibt den Prozeß, der sich in zwei verschiedenen Zyklen entfaltet. Das Erschließen und Beherrschen des Geistes nimmt mit jeder Inkarnation (jeder »Ernte«) zu. Die volle Beherrschung des Geistes haben wir erreicht, wenn unser Zyklus der Inkarnationen vollendet ist.

Die zwei Schuldner

(Lk 7,36–50)

Es bat ihn aber einer der Pharisäer, mit ihm zu essen. Und so ging er in das Haus des Pharisäers und lagerte sich zu Tisch. Und da! Eine Frau war in der Stadt, eine Sünderin. Als sie erfuhr, er habe sich im Hause des Pharisäers zu Tisch gelegt, brachte sie ein Alabasterfläschchen voll Salböl. Sie trat von hinten an seine Füße heran – weinend – und begann, mit den Tränen seine Füße zu netzen. Sie trocknete sie mit den Haaren ihres Kopfes und liebkoste seine Füße und salbte sie mit dem Salböl. Als der Pharisäer, der ihn geladen hatte, es sah, sprach er bei sich und sagte: Der – wenn er ein Prophet wäre, so müßte er merken, wer und was für eine die Frau ist, die sich an ihm festhält –, daß sie eine Sünderin ist. Und Jesus hob an und sprach zu ihm: Simon, ich habe mit dir etwas zu besprechen. Der sagte darauf: Lehrer, sprich!

Ein Geldverleiher hatte zwei Schuldner. Der eine schuldete ihm fünfhundert Denare, der andere fünfzig. Da sie nichts hatten, um zurückzuzahlen, schenkte er es beiden. Welcher von ihnen wird ihn mehr lieben?

Hob Simon an und sprach: Ich nehme an, der, dem er mehr geschenkt hat. Er aber sprach zu ihm: Zutreffend hast du gerichtet. Und zur Frau gewandt, sagte er zu Simon: Erblickst du diese Frau? Ich bin in dein Haus gekommen, Wasser auf die Füße hast du mir keins gegeben – die aber hat mit den Tränen meine Füße genetzt und mit ihrem Haar getrocknet. Keinen Kuß hast du mir gegeben – die aber, seit sie hereingekommen ist, ließ nicht ab, meine Füße zu liebkosen. Mit Öl hast du mir den Kopf nicht gesalbt – die aber hat mit Salböl meine Füße gesalbt. Deshalb – ich sage dir: Dem wenig nachgelassen wird, der liebt wenig. Zu ihr aber sprach er: Nachgelassen sind deine Sünden. Und die Leute, die zu Tisch lagen, fingen an, unter sich zu sagen: Wer ist das, daß er sogar Sünden nachläßt? Er aber sprach zu der Frau: Dein Glaube hat dich gerettet. Geh in Frieden!

In einer vorausgegangenen Parabel – der Geschichte von den Arbeitern im Weinberg (Mt 20,1–16) – sprach Jesus von dem Lohn, den Menschen für unterschiedliche Arbeitszeiten erhalten. Manche arbeiteten viele Stunden, andere weniger, wieder andere noch kürzere Zeit, doch »der Herr« gab allen das gleiche. Die ersten beschwerten sich: »Wir dachten, du würdest uns mehr geben.«

Bei der Vergebung von Sünden beschwerst du dich wohl kaum, weil du Vergebung erlangst, selbst wenn du erst im letzten Moment darum batest! Doch wenn du aus ganzem Herzen gebeten hast – das heißt wirkliche Reue und echter Wandel in Denken und Verhalten –, so hast du deine Schuld gelöst. Wenn du eine Überschreitung früher erlassen bekommst als einer, der »mehr schuldet« (das heißt, der nicht willens ist, seine Lektion zu verstehen) – was gibt es dann zu beanstanden? Was zu vergeben ist, ist die Schuld. Wann sie nachgelassen wird, ist nicht unsere Angelegenheit.

Du bist etwas schuldig; du hast eine Lektion zu lernen. Jesus fragt: »Welcher wird den Geldverleiher mehr lieben?« Der, dem mehr nachgelassen wird. Jesus sagt, daß es nicht um die Summe geht: sondern es gilt, die Lektion zu lernen. Welches ist die Lektion? Wir haben gegen ein

Gesetz verstoßen, also müssen wir Gleichgewicht und Harmonie wiederherstellen. Wir lernen unsere Lektion, indem wir unsere Schuld erkennen und uns willens zeigen, sie zu begleichen. Die absolute Seinsheit entscheidet sodann, wann uns die Schuld erlassen wird. Das ist das Gesetz der Gnade.

Ich möchte dir ein anderes Beispiel nennen. Angenommen, du bist Pächter eines großen Ackers und du säst Unkraut auf das Feld statt Weizen. Angrenzend an dein Land hat jemand ein sehr kleines Feld und sät das gleiche Unkraut. Du kannst sehen, wie die Saat auf beiden Feldern, seinem kleinen und deinem großen, gleich aufgeht. Der Eigentümer des Landes erfährt davon und kommt und sagt: »Halt ein, was tust du? Was du da gestreut hast, ist keine gute Saat. Sieh selbst, was du angerichtet hast!« So sagt er zu jedem von euch: »Hört zu, ich will, daß diese Felder bereinigt werden. Ich habe dir das große und dir das kleine Feld anvertraut. Nun fangt an, das Unkraut zu jäten, das ihr gesät habt.« Der Mann mit dem kleinen Feld jätet nun ebenso rasch sein Unkraut wie du auf deinem großen Feld, mit anderen Worten: In der gleichen Zeit entfernt ihr beide die gleiche Menge Unkraut. Nun sieht der Eigentümer, wieviel Unkraut auf deinem sehr, sehr großen Feld noch auszureißen ist. Er kommt herzu und bringt einige seiner Knechte mit, dir zu helfen, weil du vielleicht zehnmal soviel Unkraut hast wie dein Mitpächter auf seinem kleinen Feld. Am Ende sind beide Felder frei und bereit, daß gute Saat ausgebracht wird. Doch der Mann mit dem kleinen Feld beschwert sich: »Schau her! Die Knechte, die du geschickt hast, diesem zu helfen – warum haben sie nicht auch bei mir gejätet?« Da sagt der Eigentümer: »Was geht es dich an? Hat er nicht die gleiche Menge Unkraut entfernt wie du? Das heißt, er hat die gleiche Lektion begriffen wie du: daß man kein Unkraut säen soll!«

So sehe ich die Gnade Gottes. In der einen Parabel veranschaulicht Jesus sie als Belohnung und hier als Vergebung unserer Schuld.

Aus menschlicher Sicht magst du dich beschweren, aber aus göttlicher Sicht ist die Sache anders. Neben dem Gesetz »Was du säst, das wirst du auch ernten« gibt es auch das Gesetz der göttlichen Gnade. Ich sehe dies überall und jederzeit.

Jesus wurde zusammen mit zwei Verbrechern gekreuzigt. Einer von ihnen begann, ihn zu verhöhnen: »Du sagst, du seist der Sohn Gottes. [Er hatte also davon gehört, was Christus lehrte.] Warum steigst du dann nicht herab vom Kreuz und rettest dich, und uns dazu?« Er verstand das Gesetz nicht. Der andere Verbrecher, der vielleicht sogar bei einigen Predigten Jesu zugegen war, rang mit sich. Es war ein Kampf zwischen Gut und Schlecht, und er hatte Gewissensbisse: »Was habe ich getan?« Er hatte es nicht aufgeben können, es war zur Gewohnheit geworden. Aber die ganze Zeit wußte er im Innern, daß er beging, was wir Verbrechen nennen oder Sünde.

Der eine Räuber verstand also nicht sein Vergehen; er wollte nur einen, der stark genug war, ihn zu retten. Er setzte allein auf die Macht roher Kraft. Der andere verstand die Situation. »Was sagst du da? Du und ich verdienen, was wir jetzt erleiden. Doch warum sollte dieser Unschuldige leiden?«

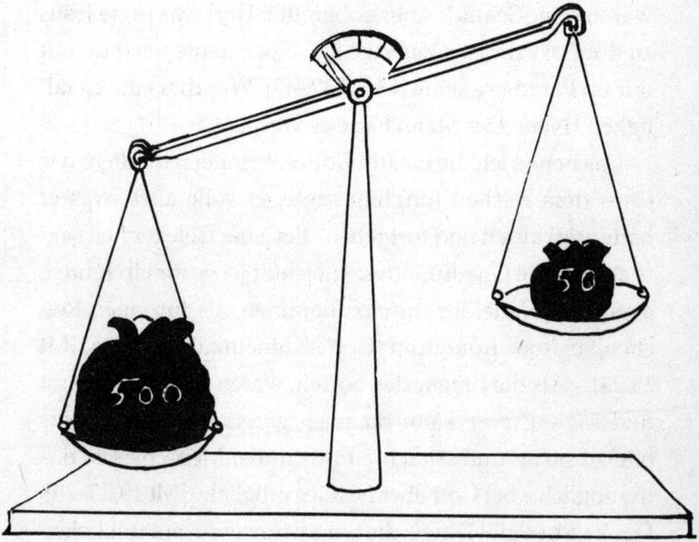
500
50

Woher weißt du, daß er bei den Predigten Jesu zugegen war? wirst du jetzt fragen. Er wußte, was Jesus lehrte – das Königtum der Himmel –, und er bat: »Gedenke meiner, wenn du in dein Königtum kommst.« Er wußte, daß es unumgänglich war, für seine Vergehen zu bezahlen. Sie waren seine Schuld. Aber er bereute. Und was sagte Jesus zu ihm? »Wahr ist's, dir sage ich: Noch heute wirst du mit mir im Paradiese sein« [Lk 23,42–43]. War dies eine Gefälligkeit? Nein: Der Mann hatte es verdient.

Das nenne ich die Gnade Gottes. Erinnerst du dich, wie Jesus dem reichen Jüngling sagte, er solle alles, was er hatte, verkaufen und fortgeben? Bei jener Gelegenheit sagte er über die Gnade Gottes: »Leichter ist es für ein Kamel, durch ein Nadelöhr durchzukommen, als für einen Reichen, in das Königtum Gottes hineinzukommen« [Mt 19,24]. »Als die Jünger das hörten, waren sie sehr bestürzt und sagten: Wer kann da noch gerettet werden? Jesus blickte sie an und sprach zu ihnen: Bei Menschen ist das unmöglich – bei Gott aber ist alles möglich« [Mt 19,25–26]. Das heißt, es gibt Dinge, die wir mit unserem menschlichen Intellekt und Verständnis nicht fassen können.

Bei dem Gebet vor meinen Unterweisungen spreche ich: »Gott der Liebe, des Lebens und der Gnade.« In diesem Augenblick spüre ich in meinem Innern etwas sehr, sehr Starkes. Liebe verstehe ich. Leben verstehe ich. Aber Gnade? Was ist Gnade? Liebe ohne Grenzen?

Der barmherzige Samariter

(Lk 10,25–37)

Ein Gesetzeslehrer stand auf. Er sagte, um ihn zu versuchen: Lehrer, was habe ich zu tun, um unendliches Leben zu erben? Er sprach zu ihm: Was ist im Gesetz geschrieben? Was liest du da? Er antwortete und sprach: Liebe den Herrn, deinen Gott, aus deinem ganzen Herzen und mit deinem ganzen Leben und mit deiner ganzen Stärke und mit deinen ganzen Sinnen! Und: Deinen Nächsten wie dich selbst! Er sprach zu ihm: Richtig hast du geantwortet. Tu das! Dann wirst du leben. Der aber wollte sich rechtfertigen und sprach zu Jesus: Und nun – wer ist mein Nächster?

Jesus nahm das auf und sprach: Ein Mensch ging von Jerusalem nach Jericho hinunter und fiel unter eine Räuberbande. Die zogen ihn aus, schlugen ihn wund, machten sich davon und ließen ihn halbtot liegen. Zufällig ging ein Priester auf jenem Weg hinunter, sah ihn an und ging vorüber. Desgleichen auch ein Levit. Der kam an den Ort, auch er sah ihn an und ging vorüber. Ein Samariter, der unterwegs war, kam ebendahin, sah ihn an, und es ward ihm weh ums Herz. Er trat hinzu, verband seine Wunden und goß Öl und Wein darauf. Dann setzte er ihn auf sein Reittier, brachte ihn zum Wirtshaus und versorgte ihn. Am anderen Morgen zog er zwei Denare heraus, gab sie dem Wirt und sprach: Versorg ihn, und was du etwa dazuhin aufwendest – ich gebe es dir zurück, wenn ich wieder herkomme.

Wer von diesen dreien scheint dir der Nächste dessen geworden, der unter die Räuberbande gefallen ist? Er sprach: Der das Werk des Erbarmens an ihm getan hat. Und Jesus sprach zu ihm: Geh und tu auch du desgleichen.

Wir wissen, daß die Juden in der Antike in zwölf Stämme geteilt waren. Die Samariter galten als unrein, als Ausgestoßene. Man beachtete sie überhaupt nicht, obwohl sie ebenfalls Juden waren. Als Samariter bekannt zu sein bedeutete, als Unberührbarer behandelt zu werden.

Als Jesus bei dem Brunnen die samaritische Frau traf und sie bat, ihm Wasser zu geben, antwortete sie: »Wie kannst du, ein Jude, von mir, einer samaritischen Frau, zu trinken begehren?« [Jh 4,9]. Diese Begebenheit spiegelt deutlich die Situation in jener Zeit wider: Die Juden betrachteten die Samariter als Unberührbare.

Mit dieser Parabel versetzt Jesus einen heftigen Schlag und erteilt eine große Lektion. Ein Priester, von dem man erwartete, daß er ein Mann Gottes sei, ging an dem Platz vorüber und sah den Reisenden, von Räubern verletzt. Der Priester empfand kein Mitgefühl und ging weiter. Er empfand keine Liebe und hatte kein Mitgefühl für seinen Mitmenschen, obwohl er behauptete, Gott anzubeten. Das ist der größte Tadel: »Wenn aber der Glaube keine Werke hat, so ist er für sich allein tot« [Jak 2,17].

Der Levit, vorgeblich ebenfalls ein Mann Gottes, handelte auf gleiche Weise: kein Zeichen von Liebe. Sie waren zu fixiert in ihrem Egoismus und den Überzeugungen ihres Stammes. Dann kam der Samariter, ein Unberührbarer, des Weges. Er sagte nicht: »Dieser Verletzte wäre besser ein Samariter, sonst helfe ich ihm nicht!« Er wußte, daß der Überfallene einer Gesellschaftsschicht angehörte, die Samariter verachtete, doch er selbst schien ihn mit anderen Augen zu sehen. Er sagte nicht: »Oh, du bist kein Samariter. Du gehörst zu denen, die uns beleidigen und fort-

jagen.« Vielmehr sagte er: »Du bist jetzt in Not und fast am Sterben. Ich kümmere mich nicht darum, zu welchem Stamm du gehörst.« Und er gab ihm »Öl und Wein« (das heißt Fürsorge), spülte seine Wunden aus und versorgte ihn aus der Liebe seines Herzens. Darüber hinaus brachte er ihn in eine Herberge, wo man sich des Verletzten annahm. Er gab den Leuten Geld und sagte: »Ich werde wiederkommen, um zu sehen, wie es ihm geht.« Das heißt, er gab ihnen nicht einfach Geld und kümmerte sich nicht weiter. »Wenn du mehr brauchst, ihn zu versorgen, so werde ich es dir geben.« Dies zeigt, daß er gewiß wiederkehren würde, um sich zu erkundigen. Das ist wahre Nächstenliebe; bei ihr trachtet das kleine Ego*, der Egoismus nicht nach Selbstzufriedenheit.

Indem er in diese Parabel den Samariter einführte, der in den Augen der Juden als unreiner Sünder galt, erteilte Jesus den Pharisäern und Sadduzäern eine gehörige Lektion: Was zählt, ist Liebe, Liebe ohne Bedingungen.

Der Freund um Mitternacht

(Lk 11,5–8)

Einer unter euch hat einen Freund, zu dem er sich mitternachts aufmacht. Und zu ihm spricht er: Freund, borge mir drei Brote! Ein Freund von mir ist nämlich von unterwegs zu mir gekommen, und ich habe nichts, ihm vorzusetzen. Aber der antwortet von drinnen und spricht: Mach mir keine Mühe! Das Tor ist schon verriegelt, und meine Kinder sind mit mir im Bett. Ich kann nicht aufstehen und dir geben. Ich sage euch: Wenn er schon nicht aufsteht und ihm gibt, weil er sein Freund ist, so richtet er sich auf wegen seiner Zudringlichkeit und gibt ihm, was er braucht.

Wie wir auch noch in der Parabel vom ungerechten Richter und der hartnäckigen Witwe [Lk 18,1–8] sehen werden, erhält jeder beharrlich genährte und geäußerte Wunsch sein Recht und seine Erfüllung. Selbst wenn du dich »zur Unzeit« an Gott wendest, dein Flehen wird erhört. Gott wird dich – im Unterschied zu dem menschlichen Vergleich in dieser Parabel – natürlich niemals »müde und verärgert« abweisen, denn er ist unser all-liebender Vater und zeigt keine menschlichen Schwächen. Jesus sagte: »Bittet, so wird euch gegeben« [Mt 7,7]. Doch hüte dich; denn was du auch wünschst – Gutes oder Schlechtes, weise oder töricht –, es wird zur gegebenen Zeit erfüllt.

Um die Wirklichkeit kennenzulernen und uns mit ihren Gesetzmäßigkeiten vertraut zu machen, müssen wir alle Dinge um uns beobachten und studieren. Wir sprachen bereits über die Natur der Elementale. Aus Erfahrung, Beschäftigung und Beobachtung wissen wir, daß ein Elemental, einmal erschaffen, für immer währt. Es wird endlos der Erfüllung seiner Aufgabe nachgehen; das steht fest. Wann es seinen Zweck erfüllen wird, wissen wir nicht, aber es wird ihn erfüllen – wenn man ihm nicht die Energie entzieht. Dies lehren wir in unseren Kreisen der Wahrheitsforscher. Wir zeigen, wie Elementale erschaffen und ausgesandt werden und wie sie sich verhalten und wirken.

Obwohl eine Lebenszeit des Menschen auf diesem Planeten sehr kurz ist, erschafft er in dieser Zeit Tausende von Elementalen und sendet sie aus. Was geschieht mit diesen Elementalen? Wenn sie gleich oder ähnlich sind, verbinden sie sich miteinander und bilden ein stärkeres Elemental; so erhalten wir am Ende ein sogenanntes Gruppenelemental. Alle Elementale brauchen Zeit, um die Aufgabe zu erfüllen, für die sie erschaffen wurden. Wenn wir ein Elemental, ein starkes Wunschelemental, aussenden und es dann in unseren Gedanken halten, so geht das Elemental hinaus und kehrt zu uns zurück, denn wir ziehen es zurück; wir lassen ihm keine Zeit zu wirken. Es geht hinaus und kommt zurück, um mehr Energie zu erhalten; es geht abermals hinaus und kehrt erneut zurück, um noch mehr Energie zu erhalten, und so sammelt es immer mehr Kraft. Auf diese Weise entwickeln wir sehr starke, fixe Ideen. Elementale können uns dominieren, ja beherrschen und sogar versklaven. Wenn der Zweck eines Elementals erfüllt ist, wird seine Energie frei.

Angenommen, du hast ein sehnliches Verlangen. Er geht in Erfüllung, und du vergißt es wieder. Dann hast du einen weiteren Wunsch, und wenn dieser erfüllt ist, fällt dir wieder etwas Neues ein. So gibt es kein Ende des Verlangens und Wünschens nach Haben und Bekommen.

Nahezu alle Wünsche werden erfüllt, wenn wir ihnen dazu Zeit lassen; das wissen wir. Ihnen Zeit zu lassen bedeutet, daß wir uns mit etwas anderem beschäftigen und den Wunsch aus dem Bewußtsein entlassen; so kann er hinausgehen und hat Zeit, sich zu erfüllen.

Häufig hören wir: »O je, jetzt habe ich dies oder das bekommen. Es war mein Wunsch, doch nun ist er in Erfüllung gegangen, obwohl ich es nicht mehr will.« Die Menschen wollen nichts über die Wirkungsweise der Elementale lernen, über das Wirken der emotionalen und der vernünftigen Gedankenformen.

Manche unserer Wünsche gehen in unserer Lebenssituation oder aufgrund unserer Schuldenlast aus Vergangenheit oder Gegenwart vielleicht nicht in Erfüllung. Was geschieht mit ihnen? Sie erfüllen sich möglicherweise in einer anderen Inkarnation. Achte also darauf, daß dir die Dinge, die du dir wünschst oder die du haben willst, in einer späteren Inkarnation nicht im Wege stehen. Du könntest herausfinden, daß du diese Dinge vielleicht nicht so dringend benötigst, wie du es jetzt meinst!

Alle Elementale jedweder Qualität, ob gut oder schlecht, streben ihrer Erfüllung entgegen. In unseren Unterweisungen lehren wir: Wenn wir aufrichtig bereuen – das heißt unseren Sinn ändern –, bevor es in Erfüllung gegangen ist, so entkräften wir das Elemental. Wenn wir klug genug waren, gewisse Elementale oder brennende Verlangen zu entkräften, können wir später oft feststellen, daß jene Wünsche – wären sie in Erfüllung gegangen – uns mehr geschadet als zum Vorteil gereicht hätten.

Was tun wir also? Wir müssen neue Elementale erschaffen und aussenden, um die alten zu ersetzen und ihre Kraft zu zerstreuen. Wie entkräften wir ein Elemental? Können wir es töten? Nein, Elementale kann man nicht töten. Sie bestehen fort, und manche von ihnen werden von uns neu belebt. Wir können sie also nicht auslöschen, aber wir können ihnen ihre Kraft entziehen. Wir können die Elementale, denen wir Macht verliehen haben, entkräften und sie ins kosmische Bewußtsein* senden.

Um ein Elemental zu entkräften, mußt du Energie und Kraft aufwenden, die seiner Energie und Kraft entsprechen. Praktisch bedeutet dies einen doppelten Energieaufwand oder -verlust: erst die Energie, die du aufgebracht hast, um das Elemental zu erschaffen und aufzubauen, und dann die Energie, die du aufwenden mußt, um es zu entkräften oder ein anderes, ein positives Elemental zu erschaffen.

Mit diesen Kenntnissen wenden wir uns nun zurück zu den Taten Christi. Als Christus den »Teufel« – das Elemental – aus jenem Mann trieb, den man heute als Epileptiker bezeichnen würde, fragte er das Elemental: »Wie heißt du?« – »Legion heiße ich«, war die Antwort, »denn viele sind wir« [Mk 5,9]. Das heißt, eine Gruppe, eine Legion von Elementalen ähnlicher Schwingung quälte jenen Mann. In einem anderen Fall lehrte Christus seine Jünger, daß diese Art von Elementalen nur durch Fasten und Gebet auszutreiben sei.

Was Jesus hier unter Gebet versteht, ist die Erschaffung neuer, positiver Elementale, um den negativen Elementalen die Macht zu entziehen und sie ins kosmische Bewußtsein zu senden.

Die Beschäftigung mit dem Wesen und Wirken der Elementale ist für unser Leben auf diesem Planeten von größter Wichtigkeit. Wir lehren das, und es sollte in jedermanns Interesse liegen: wie Elementale erschaffen werden, ihre Natur, ihre Kraft oder Energie, wie sie sich verhalten, wie sie den persönlichen Egoismus verstärken. Wir untersuchen dies durch Beobachtung, Meditation und Konzentration und erwerben die Fähigkeit, die unerwünschten Elementale allmählich zu entkräften, bis wir Herr im eigenen Hause werden.

Der Reiche

(Lk 12,16–21)

Eines reichen Mannes Land hatte gut getragen. Und er dachte bei sich und sagte: Was soll ich tun? Ich habe ja keinen Platz, um meine Früchte zu sammeln. Und er sprach: Das werde ich tun. Ich will meine Speicher niederreißen und größere bauen, und da werde ich all mein Korn und meine Güter sammeln. Und ich werde zu meinem Leben sprechen: Du mein Leben, du hast Güter für viele Jahre daliegen; gönne dir Ruhe, iß, trink, sei fröhlich. Gott aber sprach zu ihm: Unverständiger! In dieser Nacht fordert man dein Leben von dir. Was du aber bereitgelegt hast – wem wird es gehören? So ist es mit dem, der für sich hortet und nicht reich ist bei Gott.

Wir können nichts Materielles auf die andere Seite mitnehmen; diese Lektion geben wir immer wieder. Wenn es nicht-materieller Form ist, können wir natürlich viel aus der grobstofflichen Welt mitnehmen: Liebe, Mitgefühl, echtes Geben für solche, die in Not sind – ebenfalls Dinge, die wir ohnedies nicht auf die andere Seite mitnehmen können.

Der reiche Mann in der Parabel war zufrieden mit allen materiellen Dingen – dem Ertrag der Erde – und überlegte, wie er sie sammeln und für viele Jahre speichern könnte. Doch wer ist es, der entscheidet, wann du (hinüber)gehst?

Jesus lehrte uns, unsere Schätze im Königtum der Himmel zu suchen und zu sammeln [vgl. Mt 6,19–20]. Es hat keinen Wert, nur hier zu horten, denn früher oder später müssen wir abtreten. Schätze auf Erden zu sammeln ist vergebens.

An einer anderen Stelle sagt Christus: »Sorgt euch nicht um euer Leben, was ihr essen oder was ihr trinken, noch um euren Leib, womit ihr euch kleiden sollt. Ist nicht das Leben mehr als die Zehr und der Leib mehr als das Kleid?« [Mt 6,25]. Was ist Leben? Jesus meint nicht nur das Leben im materiellen Körper und in der materiellen Welt: Er spricht von Schätzen im Himmel. Er meint »Leben hier *und* Leben dort«. Und was brauchen wir wirklich? Das ist ganz klar.

Die Sorge um Nahrung und Kleidung ist nicht deine Sache, sondern Gottes. Er erschafft alles, was du benötigst, die Speise zu deiner Ernährung und das Material zur Herstellung deiner Kleidung. Du sollst diese Dinge zusammentragen und gebrauchen, aber sie sollen nicht dein wichtigstes Anliegen werden.

Der unfruchtbare Feigenbaum

(Lk 13,6–9)

Es hatte einer einen Feigenbaum, der in seinem Weinberg gepflanzt war. Und er kam, suchte Frucht an ihm und fand keine. Er sagte zum Weingärtner: Da! Drei Jahre sind es, daß ich komme, Frucht an diesem Feigenbaum suche und keine finde. Hau ihn heraus! Wozu schwächt er auch noch die Erde? Der aber hob an und sagte ihm: Herr, laß ihn noch dieses Jahr, bis ich um ihn herumgegraben und Mist zugelegt habe. Vielleicht, daß er in Zukunft doch Frucht bringt? Wenn aber nicht – dann solltest du ihn heraushauen.

Was keinen Wert hat, soll »herausgehauen« werden. Was aber macht den »Wert« aus? »Diesen Feigenbaum haben wir nun schon drei Jahre«, sagte der Herr (das ist Gott, die absolute Seinsheit), »und er gibt keine Frucht.« Das heißt, er versäumt, Lektionen zu lernen. »Was ist es nütze, gutes Land zu vergeuden?« fragt er weiter. »Wenn der Baum keine Frucht gibt, wozu sollten wir ihn stehenlassen?« Aber der Gärtner (das ist Christus), der für das Land sorgt, bittet: »Gib ihm noch etwas Zeit.«

Die Lehre aus dieser Parabel ist: Verzage nicht, wenn du einige Jahre – und seien es auch viele Jahre – »keine Frucht gegeben« hast. Der Herr aller Gaben, der Logos, der Selbstgewahrsein schenkt, wartet zu und will sehen, ob du nach einem weiteren »Jahr« Frucht bringen wirst. »Heraushauen« bedeutet Hinübergang und Wiederverkörperung.

Doch es gibt immer Hoffnung und eine Gelegenheit, sich zum Besseren zu wandeln.

Die Rangordnung

(Lk 14,1, 7–11)

Als er in das Haus eines Anführers der Pharisäer zum Essen kam … sagte er zu den Geladenen ein Gleichnis. Als er merkte, wie sie sich die ersten Plätze wählten, sagte er zu ihnen: Wirst du von einem zu einer Hochzeit geladen, so lagere dich nicht auf den ersten Platz. Es könnte ein Ehrwürdigerer als du von ihm geladen sein. Und es kommt, der dich und ihn geladen, und sagt zu dir: Mach diesem Platz! Dann wirst du voll Scham den letzten Platz einnehmen. Nein, wenn du geladen wirst, geh und laß dich auf dem letzten Platz nieder, damit der, der dich geladen, kommt und dir sagt: Freund, rücke höher hinauf! Dann wird dir die Verherrlichung zuteil vor allen, die mit dir zu Tisch liegen. Denn: Jeder, der sich selbst erhöht, wird niedrig gemacht, und wer sich selbst niedrig macht, wird erhöht.

Hier geht es um die Bedeutung der Bescheidenheit: Wir sollten uns selbst nicht überbewerten und andere nicht unterschätzen. Wir werden an den Platz geführt, an dem zu sitzen wir das Recht haben. Wer bringt uns dahin? Der das Fest bereitet hat und uns zum Platznehmen einlädt. Wer ist das? Gott. Gott hat dich auf die materielle Ebene gestellt. Du bist, was du bist, und Gott wird dich zu deinem rechtmäßigen Platz führen. Wenn du dein Denken und Fühlen richtig gebrauchst, solltest du geehrt werden, denn du ehrst dich selbst.

Wer aber den falschen Platz einnimmt, wird leiden. Egoismus zieht seine Bestrafung nach sich, während Bescheidenheit sich belohnt. Früher oder später wird jeder den Platz erhalten, den er verdient. Wir alle versuchen, uns im Leben auszuzeichnen, hervorzuheben. Wer dies anstrebt, indem er Gedanken, Gefühle und Leben richtig gebraucht, wird an den Platz geführt, den er verdient. Wer aber versucht, andere zu täuschen, um einen Platz er erhalten, den er nicht verdient, der wird gezwungen, den bescheideneren Platz einzunehmen, der ihm zusteht.

Der Preis der Nachfolge

(Lk 14,26–33)

Wenn einer zu mir kommt und nicht haßt seinen Vater und die Mutter und die Frau und die Kinder und die Brüder und die Schwestern, und noch dazu sein eigen Leben, kann er nicht mein Jünger sein. Wer nicht sein Kreuz trägt und hinter mir hergeht, kann nicht mein Jünger sein.

Denn: Wer von euch, der einen Turm bauen will, setzt sich nicht zuerst hin und errechnet die Kosten, ob es ihm zur Ausführung reicht – damit nicht etwa, wenn er den Grundstein gelegt und nicht stark genug ist, zu vollenden, alle, die hinschauen, anfangen, ihn zu verhöhnen und zu sagen: Dieser Mensch hat zu bauen angefangen und ist nicht stark genug, zu vollenden.

Oder: Welcher König, der gegen einen anderen König in den Krieg zieht, setzt sich nicht zuerst hin und geht mit sich zu Rate, ob er mächtig genug ist, mit zehntausend dem entgegenzutreten, der mit zwanzigtausend gegen ihn kommt. Ist er es aber nicht, so schickt er – wenn er noch weit weg ist – eine Gesandtschaft und fragt nach den Friedensbedingungen.

So kann also keiner von euch mein Jünger sein, der sich nicht lossagt von all seinem Hab und Gut.

Jedes Menschenwesen, das auf die Welt kommt, trägt bereits bei seiner Geburt ein »Kreuz«: das Kreuz, das die Person aus früheren Inkarnationen mitbringt.

Christus sagt »sein Kreuz«, womit das Kreuz eines jeden von uns gemeint ist. Jetzt spricht er aber auch von seinem

Kreuz, also dem Kreuz Jesu Christi. Was ist das Kreuz Christi im Vergleich zu dem Kreuz, das jeder von uns trägt? Jesus Christus sagt nicht: »Wer mir nachfolgen will – meinem Weg folgen will –, der trage *mein* Kreuz und folge mir«, sondern: »der trage *sein* Kreuz und folge mir«.

Jeder von uns, die wir unser eigenes Kreuz tragen, sollte auf das Kreuz Christi blicken und Ihm folgen, denn nur die Nachfolge Christi – das heißt, seinen Lehren zu folgen – beim Tragen unseres Kreuzes kann uns retten, kann den Menschen retten, der sein Kreuz trägt. Wer nicht Ihm folgt, der wird sein Kreuz weiter tragen, leiden und noch mehr leiden.

Das Gewicht dieses Kreuzes hängt von unserem früheren Leben und Verhalten ab. Was auch immer du tust, du stehst unter dem Gesetz von Ursache und Wirkung. Doch wenn wir auf Christus blicken, der sein Kreuz trägt, wird unser eigenes Kreuz leichter: »Kommet her zu mir alle, und ich werde eure Bürde erleichtern« [vgl. Mt 11,28–30].

Nun wird einer fragen: Wie kam es, daß das schuldloseste aller Menschenwesen, der Gottmensch, ein Kreuz trug? Was ist das Kreuz Christi? Ja, es ist in der Tat sehr schwer. Das Kreuz Christi war nicht nur das Holzkreuz, das er den Hügel Golgatha hinauftrug und an das sie seinen Leib kreuzigten. Das Kreuz Christi ist das Kreuz der Welt, das Kreuz der Menschheit. Das bedeutet es in Wahrheit.

Aus der Liturgie der katholischen Kirche kennen wir die Worte: »Agnus dei, qui tollis peccata mundi – Lamm Gottes, der du trägst die Sünden der Welt.« Das Kreuz, das Joshua/Jesus vom Prätorium, dem Gouverneurspalast, zum Hügel der Kreuzigung hinauftrug, war sehr leicht, glaubt es mir. Jenes Holzkreuz war nicht das Kreuz Christi. Jesus Christus, das wahre Licht, das schon durch die Natur seiner Seinsheit und Existenz »erleuchtet jeden Menschen, kommend in die Welt«, trägt das Kreuz von uns allen.

Wir tragen unser Kreuz auf der Schulter, aber ganz nahe ist die Schulter Jesu, des Christus, und er ist es, der unser Kreuz trägt. Andernfalls könnten wir nicht einmal unser eigenes Kreuz tragen – bei der Art, wie wir leben. Er trägt das Kreuz der Menschheit.

Diese Parabel birgt auch praktischen Rat. Überlege zuerst, was du tun sollst. Bereite dich vor, ehe du beginnst. Du willst ein Prediger des Königtums der Himmel werden? Du siehst andere dies tun und sagst dir: »Warum sollte ich nicht ebenfalls gehen und ein Prediger werden?« Aber bevor du dieses Werk beginnst, mußt du dich prüfen, ob du bereit bist für die Arbeit. Vielleicht stellst du fest, daß du sie gar nicht vollbringen kannst. Du willst ein Jünger werden – und dies kann ich verstehen –, du willst hinausgehen und predigen, Menschen heilen und so weiter? Aber das Wollen allein ist nicht genug.

Dich »lossagen von all deinem Hab und Gut« oder »deinen Besitz aufgeben« heißt nicht, es wegzuwerfen. Löse dich von ihm auf die rechte Weise. Du kannst die Dinge behalten, um sie zu gebrauchen, aber laß dich nicht von ihnen verzaubern oder berauschen. Behalte, was du benötigst, aber werde frei von der Vorstellung und Bindung des Besitzens. Jesus meinte nicht, daß du dich zum Bettler machen und die Hand um Almosen ausstrecken sollst, auch nicht, daß du deine Familie buchstäblich hassen sollst; dies würde ihm nicht gefallen. Er sagt nur, du solltest dich von alledem lösen. Ich weiß, diese Worte wurden schon oft mißverstanden.

Was sehen wir im Leben? Daß die Menschen »Geld machen«, das heißt zum Sklaven der Dinge werden, die sie haben wollen. »Gib auf all diese Dinge.« Sowohl Christus als auch Buddha wurden falsch verstanden. Innere Distanz, Nichtverhaftetsein, Bindungslosigkeit vertraten sie, nicht etwa die Auffassung, man müsse alles »wegwerfen«.

Es wäre töricht, alles wegzuwerfen. Wenn du alles aufgibst, alles von dir stößt, wirst du ein sehr armer Mensch. Ein sehr armer Mensch aber ist auf die anderen angewiesen. Das heißt, daß er den anderen zur Last fällt. Dies war nicht die Absicht Jesu! Er wollte anderen nicht zur Last fallen. Geld ermöglicht dem Menschen die Dinge, deren er bedarf, aber man soll es nicht für sich selbst festhalten; dadurch werden andere ärmer und leiden Hunger. Die Botschaft dieser Parabel lautet: »Laß dich nicht berauschen von den Dingen und Beziehungen dieser materiellen Welt.« Überbewerte nichts und unterschätze auch nichts. Alles hat seinen Zweck.

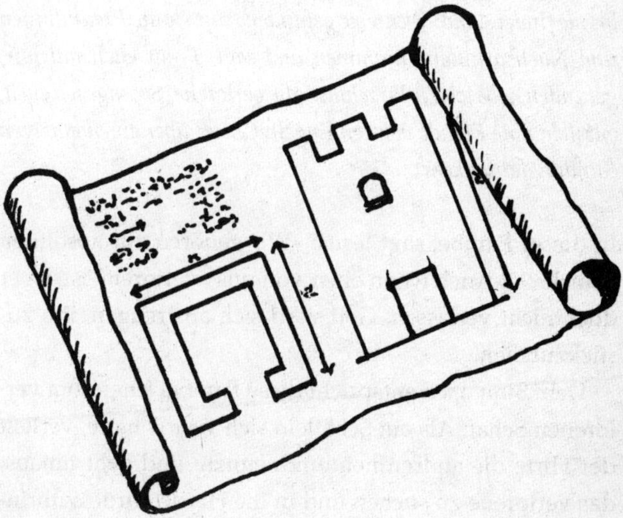

Der verlorene Groschen

(Lk 15,8–10)

Welche Frau hat zehn Drachmen und zündet nicht, wenn sie eine Drachme verliert, ein Licht an, fegt das Haus und sucht sorgsam, bis sie findet. Und: Wenn sie gefunden, ruft sie die Freundinnen und Nachbarinnen zusammen und sagt: Freut euch mit mir, gefunden habe ich die Drachme – die verlorene. So, sage ich euch, entsteht eine Freude vor den Engeln Gottes über einen einzigen Sünder, der umkehrt.

In dieser Parabel sagt Jesus: »Wir gehören zur absoluten Seinsheit.« Auch wenn einer von uns »verloren« ist, ist er doch nicht verlassen. Gott wird sich anstrengen, ihn zurückzuholen.

Dem Sinn nach entspricht diese Parabel jener vom verlorenen Schaf: Als ein Schäflein sich verirrt hatte, verläßt der Hirte die andren neunundneunzig und geht hinaus, das verlorene zu suchen und in die Herde zurückzubringen. Hier haben wir die gleiche Geschichte; an die Stelle der Schafe traten die Münzen. In der Parabel vom Schäfer sprach Jesus von sich selbst als dem Christus, dem Logos. Die Frau in diesem Beispiel ist die selbstbewußte Persönlichkeit.

Die Aussage ist ganz klar. Eine Frau – eine zeitliche Persönlichkeit – verliert etwas sehr Kostbares aus ihrem Besitz. Sie geht auf die Suche, um es zu finden. Sie entzündet eine Lampe, um in alle Ecken zu sehen. Das heißt, sie gebraucht ihren Verstand, um ihre Suche zu vollenden. Als

ΚΑΙΣΑΡΟΣ
ΒΑΣΤΟΥ

sie das Verlorene wiedergefunden hat, freut sie sich und ruft ihre Freundinnen und Nachbarn, die sich ebenfalls freuen. Die Freundinnen und Nachbarn in der Parabel stehen für die Erzengel und Engel im Himmel. Christus sagt hier deutlich, daß Freude herrscht unter den Engeln im Himmel über einen, der zurückkehrt.

Wenn eine einfache, gewöhnliche Frau, die etwas verliert, sich so viel Mühe gibt, es wiederzufinden – wie verhält sich dann die unendliche Seinsheit? Was wird sie tun, wenn sie ein Wesen, ein Kind Gottes, in Unwissenheit verirrt sieht?

Obgleich wir uns in einer Welt der Illusion, des Schattens und des Todes befinden, wie Christus sagt, und selbst wenn wir uns als verloren betrachten: Es wird für uns gesorgt von den Erzengeln und vom Logos selbst.

Der verlorene Sohn

(Lk 15,11–32)

Ein Mann hatte zwei Söhne. Und zum Vater sprach der jüngere von ihnen: Vater! Gib mir den mir zukommenden Teil des Vermögens. Und der machte ihnen auseinander, was er zum Leben hatte. Wenige Tage danach, als er alles beisammen hatte, reiste der jüngere Sohn in ein fernes Land. Und dort verschleuderte er sein Vermögen in heillosem Lebenswandel. Nachdem er aber alles vergeudet hatte, kam eine schwere Hungersnot über jenes Land, und er begann zu darben. Und er ging und hängte sich an einen der Mitbürger jenes Landes. Und der schickte ihn auf seine Felder zum Schweinehüten. Und er gierte danach, sich den Bauch mit den Schoten zu stopfen, welche die Schweine fraßen – aber keiner gab sie ihm. Zu sich selbst gekommen, sprach er: Wie viele Taglöhner meines Vaters haben Brot in Hülle und Fülle – ich aber gehe hier vor Hunger zugrunde. Aufstehen will ich, zu meinem Vater gehen und ihm sagen: Vater! Ich habe gesündigt gegen den Himmel und vor dir. Ich bin nicht mehr wert, dein Sohn zu heißen. Stell mich einem deiner Taglöhner gleich. Und er stand auf und ging zu seinem Vater. Als er noch weit entfernt war, sah ihn sein Vater. Und es ward ihm weh ums Herz. Und er lief und fiel ihm um den Hals und liebkoste ihn. Der Sohn sprach zu ihm: Vater! Ich habe gesündigt gegen den Himmel und vor dir. Ich bin nicht mehr wert, dein Sohn zu heißen. Der Vater aber sprach zu seinen Knechten: Schnell! Holt einen Talar heraus, den vornehmsten; den zieht ihm an. Steckt ihm einen Ring an die Hand und Schuhe an die Füße. Und bringt das Mastkalb; schlachtet es. Dann wollen wir essen und fröhlich sein. Denn dieser mein Sohn war tot und ist wieder aufgelebt; er war verloren und ist wieder gefunden. Und so begannen sie fröhlich zu sein.

Sein älterer Sohn aber war auf dem Feld. Und als er kam, dem Haus sich nahte, hörte er Musik und Reigenlieder. Und er rief einen von den Burschen herbei und erkundigte sich, was das bedeute. Der sprach zu ihm: Dein Bruder ist da! Und dein Vater hat das Mastkalb geschlachtet, weil er ihn gesund zurückbekommen hat. Und er wurde zornig und wollte nicht hineinkommen. Sein Vater aber kam heraus und ermutigte ihn. Er antwortete dem Vater und sprach: Da! So viele Jahre mache ich dir den Knecht, und niemals habe ich eine Weisung von dir übertreten. Und du hast mir nie auch nur ein Böcklein geschenkt, damit ich mit meinen Freunden hätte fröhlich sein können. Als aber der da kam – dein Sohn, der, was du zum Leben hattest, mit Huren aufgefressen hat –, hast du ihm das Mastkalb geschlachtet. Er aber sprach zu ihm: Kind, du bist allezeit bei mir, und all das Meine ist dein. Doch es gilt, fröhlich zu sein und sich zu freuen, weil dieser, dein Bruder, tot war und wieder aufgelebt ist, verloren war und wieder gefunden ist.

Dies ist für mich die wichtigste Parabel. Was verlangte der Sohn von seinem Vater? »Gib mir den mir zukommenden Teil des Vermögens.« Was ist dieses Vermögen? Geist – das heißt alles, was aus der Übersubstanz Geist ist, einschließlich der Materie. Der »jüngere Sohn« ist eine Seele, die durch das Urbild des Menschen* geht. Der ältere Sohn ist ein Erzengel. Er erhält ebenfalls seinen Anteil vom Vermögen, denn auch Erzengel machen vom Geist Gebrauch. So haben unsere Geschwister, die beim Vater blieben, ebenfalls ihren »Anteil vom Vermögen«. Der »jüngere Sohn« – das heißt der Mensch – bringt seinen Anteil mit »heillosem Lebenswandel« durch: Er sammelt Erfahrungen in den Welten der Trennung.

Wie Jesus es beschrieb, hielten die Herren der Materie, die Herren der Trennung, den jüngeren Sohn als ihren Sklaven. Sie schickten ihn hinaus, um Schweine zu hüten. Was aber sind jene »Schweine«? Es sind die Elementale, die er erschaffen hatte. Und er begnügte sich damit, sich von dem Futter zu nähren, das die Schweine erhielten. Damit ist die üble Kombination niederer Elementale gemeint, die Denken und Fühlen verunreinigen. Jesus bezeichnete solche Elementale als »stumme und taube Geister« [Mk 9,25].

Aber dann kam der jüngere Sohn zur Besinnung. »Was ist das, was ich esse?« fragte er. »Was sind das alles für Gedanken und Gefühle, die ich hege? Befriedigen, sättigen sie mich? Ich esse ja das gleiche wie die Schweine.« Er beschloß, zu gehen und zu seinem Vater zurückzukehren.

Dies ist ein weiterer, sehr wichtiger Punkt. Während er diese Gedanken hegte, wußte der Vater es. Nun begann der Sohn zu überlegen, wie er sich gegenüber seinem Vater verhalten sollte. »Bin ich noch würdig, sein Sohn zu sein? Ich will zurückkehren und mich in seinen Dienst verkaufen.« Doch als er einige Schritte auf seinen Vater zugegangen ist, eilt ihm dieser entgegen und umarmt ihn. So wartete der Vater auf seine Rückkehr.

Was tut nun der Vater? Er heißt die Erzengel, ihn in das beste Gewand zu kleiden, das er hatte. »Du bist mein Sohn«, erklärte er, »du bist kein Knecht. Du bist mein Sohn!« Was meinte er mit »Knecht«? Die Elementale der

Erzengel, also Engel; sie sind die »Knechte«. Er gab dem Zurückgekehrten das beste Gewand, das er hatte. Dann steckte er ihm einen Ring an den Finger. Einen Ring aber erhält ein Erzengel nur, wenn er sein höheres Selbst verwirklicht hat und nach seiner Reise durch die Erlebnissphären der Menschen zurückkehrt.

Schon viele Male habe ich mit den Erzengeln Kontakt gehabt und versucht, ihnen zu vermitteln, wie wir Menschen die Zeit als Vergangenheit, Gegenwart und Zukunft erfassen und verstehen. »Wir sind im ewigen Jetzt«, erwidern sie. Sie verstehen das ewige Jetzt, denn sie existierten schon immer »jetzt«, sie existieren »jetzt«, und sie werden immer »jetzt« existieren. Deshalb verstehen sie nicht Vergangenheit, Gegenwart und Zukunft. Sie sind allein an ihrer Arbeit und der Wahrheit sowie der Äußerung ihrer Wesensnatur interessiert, die Zeit verstehen sie nicht.

Der Ring, den der Heimgekehrte erhält, steht symbolisch für das Wissen und Verständnis der Ewigkeit. Ewigkeit ist Bewegung ohne Anfang und ohne Ende. Unendliche Seinsheit ist ewige Bewegung. Angenommen, jemand bewegt sich auf einem Ring, so kann er ewig weitergehen, ohne Anfang und Ende. So ist Ewigkeit: ohne Anfang und Ende. Ein Mensch, der sich auf dem Ring bewegt, kann das Wesen von Vergangenheit, Gegenwart und Zukunft verstehen. Aber für ein Wesen im Zentrum des Ringes und der Bewegung – und dort sind die Erzengel – gibt es keine Vergangenheit, Gegenwart und Zukunft, sondern nur das ewige Jetzt.

In der Parabel vom verlorenen Sohn erfahren wir, daß der Vater bei der Rückkehr des Sohnes das Mastkalb opferte, das heißt den materiellen Körper, denn »Fleisch und Blut können Gottes Königtum nicht erben« [1Ko 15,50]. Das liegt auf der Hand. Dann gab ihm der Vater das beste Gewand, das er für einen Prinzen hatte, das heißt das gleiche Kleid, das sein älterer Bruder (der Erzengel) besaß. Darin besteht nun kein Unterschied mehr zwischen ihnen. Indem er aber dem verlorenen Sohn einen Ring anstecken ließ, zeichnete der Vater ihn vor den Erzengeln im Himmel aus.

Da beschwerte sich der »ältere Bruder« (das heißt alle Ränge der Erzengel): »Du hast mir nie ein Tier geopfert.« Allein, der Erzengel besaß nie einen materiellen Körper zum Opfern. Wie wir sagten, bedeutet das »Mastkalb« den materiellen Körper. Sein Vater erklärte ihm: »Du wirkst als ein Herr der Elemente für die Menschen und Tiere, aber sie sind nicht dein. Du hast also nichts zu töten. Er aber, mein jüngerer Sohn, hat sich mit Materie gekleidet.« Opfern und Töten eines »Mastkalbes« bedeutet, die Verwicklung in die Materie zu töten. Der ältere Bruder, der Erzengel, hatte sich nie in die Materie versklavt, und so brauchte er nie auch nur »ein Böcklein« als Opfer, um von ihr freizuwerden. »Was also beschwerst du dich?« fragte der Vater. »Alles, was ich habe – ist es nicht auch dein? Nichts wurde genommen, das dir gehörte.«

Der Erzengel hatte Geist niemals auf die Weise gebraucht, wie die Menschen ihn gebrauchen, wenn sie gute und schlechte Elementale aussenden. Auf diesem Wege lernt der Mensch Lektionen und findet schließlich mit dem Wissen und Verständnis, das er erworben hat, zur absoluten Seinsheit, zum Vater zurück, um als ein Kind Gottes angenommen zu werden.

Der ungerechte Haushalter

(Lk 16,1–13)

Da war ein reicher Mann, der einen Hausverwalter hatte. Und er wurde bei ihm angeschuldigt – er verschleudere sein Hab und Gut. Er rief ihn an und sprach zu ihm: Was höre ich von dir! Leg die Abrechnung über deine Hausverwaltung vor. Du kannst nicht länger Hausverwalter sein. Der Hausverwalter aber sprach bei sich: Was soll ich machen, da mein Herr mir die Hausverwaltung entzieht? Graben? Kann ich nicht. Betteln? Schäme ich mich! Ich weiß, was ich mache, damit sie mich, wenn ich von der Hausverwaltung abgesetzt bin, in ihre Häuser aufnehmen. Und er rief die Schuldner seines Herrn je einzeln zu sich und sagte zum ersten: Wieviel schuldest du meinem Herrn? Der sprach: Hundert Faß Öl. Er aber sprach zu ihm: Nimm deinen Schuldschein, setz dich schnell, schreib fünfzig. Hierauf sprach er zu einem andern: Du aber, wieviel schuldest du? Der sprach: Hundert Sack Weizen. Ihm sagte er: Nimm deinen Schuldschein und schreib achtzig.

Und der Herr lobte die Ungerechtigkeit des Hausverwalters: Verständig hat er gehandelt. Ja, die Söhne dieser Weltzeit verhalten sich verständiger als die Söhne des Lichts gegenüber Leuten ihres Schlags. Und ich sage euch: Macht euch Freunde mit dem Mammon der Ungerechtigkeit, damit sie euch, wenn es aus ist, in die Zelte aufnehmen – die unendlichen.

Wer in Geringem treu ist, ist auch treu in vielem. Und wer sich in Geringem unrecht verhält, verhält sich unrecht auch in vielem. Wenn ihr nun mit dem Mammon der Ungerechtigkeit nicht treu gewesen, wer wird euch dann das Wahre anvertrauen?

Und wenn ihr mit dem Fremden nicht treu gewesen, wer wird euch dann das Eure geben?

Kein Haussklave kann zweier Herren Knecht sein. Denn: Entweder haßt er den einen und liebt den andern. Oder: Er hängt am einen und mißachtet den anderen. Ihr könnt nicht Gottes und des Mammon Knechte sein.

Was ist der Reichtum Gottes, den wir als Haushalter verschwenden? Es ist Geist, den er uns anvertraut hat, damit wir weisen Gebrauch von ihm machen. Doch wir mißbrauchen ihn zumeist und erschaffen schlechte Elementale, die manche auch als böse bezeichnen. Gott ist der »Hausherr«, der diesen »Reichtum« hat, und wir sind seine »Haushalter«. Wer beschuldigte den Haushalter, den Besitz des Herrn zu mißbrauchen? Die Erzengel. Sie bemerken unser Tun, die Erzengel der Elemente in uns. Wenn wir Geist – als Materie, als Gefühl und als Gedanke – nur schlecht gebrauchen bei der Erschaffung von Elementalen, so ist dies ein Mißbrauch.

Angesichts eines solchen Vorwurfs mußt du Rechenschaft ablegen. Wem? Dem Herrn dieser Reichtümer, der absoluten Seinsheit als Logos. Es ist klar: Wer sich »in kleinen Dingen als treu erwiesen, auch Großes anvertraut bekommen kann«. Es hat keinen Wert zu sagen: »Ich stehle ja nur wenig, nicht viel.« Gestohlen ist gestohlen. Was zählt, ist nicht die Menge, sondern die Einstellung.

Worüber wir bei dieser Parabel stolpern, ist der Satz Jesu: »Der Herr lobte die Ungerechtigkeit des Hausverwalters.« Warum tat er das? Ich meine, es soll bedeuten, daß die absolute Seinsheit sagt: »Sei unbesorgt. Du warst dem

Werk der Erzengel nicht treu – deiner Verwirklichung auf höheren Ebenen –, wie du hättest sein sollen. Statt dessen dientest du dem Herrn der Trennung, seinem Erzengel und ihren Engelsgeschwistern. Du hast dich in ihren Dienst gestellt, so ist es. So freunde dich denn mit ihnen an, und arbeite weiterhin auf den niederen Ebenen, wenn es dies ist, was du willst. Aber tue es aufrichtig. Sei ehrlich mit ihnen und zuverlässig.«

Jesus forderte die Menschen auf, ehrlich zu sein in allem, was sie tun. Wenn sie für göttliches Wirken noch nicht bereit sind und es vorziehen, im Materiellen zu arbeiten, so sollen sie zumindest ehrlich dabei sein und dazu stehen. »Keiner zwingt dich, mit den heiligen* Erzengeln zusammenzuarbeiten oder dich einem ihrer Ränge anzuschließen. Wenn du deine Freude in der materiellen Welt findest und weiterhin in ihr zu leben begehrst, so nutze deine Zeit wohl. Freunde dich an und mache dich vertraut mit der materiellen Ebene und ihren Freuden. Wenn du das Gefühl hast, es ist dein Wunsch, auf der materiellen Ebene und mit einem materiellen Körper zu leben, so sei aufrichtig gegenüber den Gesetzen der materiellen Ebene, und sie wird dich akzeptieren.«

»Wenn du nicht mit mir kommen willst«, sagt der Logos, »so versuche zumindest, von den tieferen Rängen des Werkes akzeptiert zu werden. Keiner zwingt dich, höher zu gehen.«

Der reiche Mann und Lazarus

(Lk 16,19–31)

Es war ein reicher Mensch. Und der kleidete sich in Purpur und feines Linnen und war sehr fröhlich Tag um Tag. Ein Armer aber namens Lazarus lag an seiner Tür darnieder voller Geschwüre und gierend danach, sich mit den Abfällen vom Tisch des Reichen satt zu machen. Und sogar die Hunde kamen und leckten seine Geschwüre. Es geschah aber: Der Arme starb und wurde von den Engeln hinweggetragen – in den Schoß Abrahams. Aber auch der Reiche starb und wurde begraben. Und in der Totenwelt, in Qualen nun, hebt er seine Augen auf, sieht Abraham von fern und Lazarus in seinem Schoß. Und er rief, sprach: Vater Abraham! Erbarm dich meiner und schicke Lazarus, damit er seine Fingerspitzen in Wasser tunke und mir die Zunge kühle; denn ich leide Pein in dieser Glut. Doch Abraham sprach: Kind, erinnere dich – du hast dein Gutes zu deinen Lebzeiten bekommen, wie Lazarus gleichermaßen das Übel. Jetzt aber wird er hier ermutigt, du aber leidest Pein. Und bei alldem steht zwischen uns und euch eine tiefe Kluft – so gewaltig, daß jene, die von da zu euch hinüberwollen, es nicht können, und sie auch von dort zu uns nicht herüberkommen. Er aber sprach: Also bitte ich dich, Vater, schick ihn ins Haus meines Vaters. Ich habe nämlich fünf Brüder: Die soll er beschwören, damit nicht auch sie an diesen Ort der Qual kommen. Doch Abraham sagte: Sie haben Mose und die Propheten – auf die sollen sie hören. Er aber sprach: Nein, Vater Abraham! Wenn aber einer von den Toten zu ihnen käme, so kehrten sie um. Und er sprach zu ihm: Wenn sie auf Mose und die Propheten nicht hören, so lassen sie sich auch nicht überzeugen, wenn einer von den Toten aufsteht.

Diese Geschichte illustriert, was sich in der psychischen Welt tatsächlich ereignen kann. Lazarus schien in der Welt eine »Schuld« abzuzahlen. Als dies vollbracht war und er die materielle Ebene verließ, hatte er das Recht auf ein Paradies erworben – wie wir es bezeichnen würden. Der Umstand, daß er in der materiellen Welt Armut und Not litt, bedeutet nicht gleichzeitig, daß er keinen schöpferischen Gebrauch vom Geist machte. Wenn du nicht viel Geist – in seiner geringsten Form als Materie – zur Verfügung hast, heißt dies nicht, daß du keine emotionalen und mentalen Reichtümer besitzt. Lazarus erwarb durch seine Führung das Recht auf ein Paradies. Vermutlich hatte er viel gebetet: »Hab Erbarmen mit mir, Gott. Sei mir gnädig.«

Der Reiche konnte auf der materiellen Ebene alles genießen, doch er kümmerte sich wenig um Mitgefühl und Liebe. Der arme Lazarus saß Tag für Tag vor seiner Haustür, war hungrig und sehnte sich danach, sich mit dem zu sättigen, was vom Tisch des Reichen abfiel; der aber kümmerte sich überhaupt nicht um ihn. Er war hart geworden, da er die Wahrheit nicht sah. Die Wahrheit aber ist: Wir alle sind Kinder Gottes, als innere Wesen, Seelen und Geistseelen. Wenn wir hinübergehen, wo die Umstände des materiellen Lebens nicht länger herrschen, beginnen wir die Wahrheit deutlicher zu sehen.

Der Hinübergang kann Augen und Verständnis öffnen. Als der Reiche in der Ferne den Lazarus sah und gewahrte, daß er ein Sohn Abrahams war, erkannte er den verachteten Bettler als ein Kind Gottes. Ihre Umstände und ihr Zustand in der psychischen Welt war die Folge ihrer Führung auf der materiellen Ebene. Der reiche Mann hält sich in der Totenwelt auf, bis er versteht, was es bedeutet, seine Schuld abzutragen. »Feuer, Glut und Pein« sind die Gewissensbisse. Das »Wasser«, um das er bat, steht für Wahrheit; seine Zunge, die danach verlangte, ist seine Unwissenheit. Aber es konnte nicht gewährt werden.

Wohl hätten Abraham oder Lazarus dorthin gehen können, wo der Reiche war, doch in dem Zustand, in dem dieser sich befand, wäre es ihm keine Hilfe gewesen. Er mußte die Wahrheit selbst erkennen und verstehen. Er hatte die Gewissensbisse, die ihm halfen, der Wahrheit näherzukommen. – Manchmal hast du auch in der materiellen Welt Gewissensbisse; du solltest gut darauf achtgeben und ihnen folgen. Wenn du sie aber hier nicht hast, dann wirst du sie dort spüren, bis du die Wahrheit verstehst.

Diese Parabel besagt keineswegs, daß sich jeder reiche Mensch nach seinem Hinübergang in den Flammen der Hölle befinden wird!

Sehr weit fortgeschrittene unsichtbare Helfer in der psychischen Welt können jede Hölle und jedes Paradies besuchen, um dort Hilfe zu bringen. Sie nehmen keine Kluft oder Spaltung wahr, wenn sie von dem einen Zustand in den anderen gehen. Doch man kann nicht einfach jemanden aus seiner Hölle nehmen und ihn auf eine höhere Zwischenebene versetzen, wenn man diese Person nicht zuerst bewegt und überzeugt hat, etwas Besseres anzunehmen. Dazu muß man Vergleiche gebrauchen. Allerdings ist es nicht einfach, jemanden von seinen alten Gewohnheiten zu lösen.

Diese Parabel lehrt uns, während unserer Existenz in der materiellen Welt den uns auf den verschiedenen Ebenen zur Verfügung gestellten Geist klug und wohl zu gebrauchen und unser Bestes zu tun, um der Wahrheit zu dienen und jenen, die in Not sind, Liebe und Mitgefühl zu zeigen – oder die Konsequenzen zu gewärtigen!

Der ungerechte Richter

(Lk 18,1–8)

Er sagte ihnen aber ein Gleichnis dafür, daß es heißt: allezeit beten und nicht erschlaffen. Er sagte: In einer Stadt war ein Richter, der Gott nicht fürchtete und keinen Menschen scheute. Eine Witwe aber war in jener Stadt, und sie lief zu ihm und sagte: Schaffe mir Recht gegen meinen Rechtsgegner. Doch lange Zeit mochte er nicht. Danach aber sprach er zu sich: Auch wenn ich Gott nicht fürchte und keinen Menschen scheue – der Mühe wegen, die diese Witwe mir bereitet, will ich ihr Recht verschaffen, damit sie nicht endlos kommt und mir zu Leibe rückt. Der Herr aber sprach: Hört, was der ungerechte Richter sagt. Gott aber: Er sollte das Recht seiner Auserwählten nicht wahrnehmen – die tags und nachts zu ihm schreien – und nicht langmütig mit ihnen sein? Ich sage euch: Schaffen wird er ihr Recht – gar schnell.

Die »Witwe« ist die derzeitige Persönlichkeit. Der »ungerechte Richter« steht für die Gesetze in der materiellen Welt; Jesus spricht hier nicht von der Gerechtigkeit Gottes. Die zeitliche Persönlichkeit bittet und bettelt so viel, daß selbst der ungerechte Richter aufgebracht ist und beschließt, ihrem Begehren nachzukommen, da er genug von dieser Störung hat. »Wenn selbst dieser ungerechte Richter ihr Recht verschafft – glaubt ihr nicht, daß euer Vater, der euch liebt, tun wird, worum ihr ihn bittet?«

Das Gesetz in den Welten der Trennung ist anders als das göttliche Gesetz, das Gnade und Liebe integriert. In den Welten der Trennung herrscht das Gesetz von Ursache und Wirkung. Wenn du als zeitliche Persönlichkeit dies oder jenes verlangst und weiterhin wünschst, so wirst du es früher oder später erhalten. Jeder Wunsch und jedes Verlangen, vernünftig oder töricht, wird zur gegebenen Zeit erfüllt. Dies ist das Gesetz, das in der Parabel vom ungerechten Richter vertreten wird. Wenn du solches bereits auf den materiellen und psychischen Ebenen erfährst, so kannst du von deinem himmlischen Vater, der dich liebt, gewiß Gleiches oder viel Besseres erwarten. Ich denke, Jesus erzählte diese Geschichte, um den Menschen zu zeigen, daß sie Vertrauen in den Herrn und sein Gesetz haben dürfen.

Der Pharisäer und der Zöllner

(Lk 18,9–14)

Er sprach aber auch zu gewissen Leuten, die auf sich selbst vertrauen, daß sie »Gerechte« seien und die übrigen für nichts achten, dieses Gleichnis: Zwei Männer stiegen zum Heiligtum hinauf, um zu beten: der eine ein Pharisäer, der andere ein Zöllner. Der Pharisäer stellte sich auf, und also betete er für sich: Gott, du, ich sage dir Dank, daß ich nicht bin wie die übrigen Menschen – Räuber, Unrechttäter, Ehebrecher oder auch wie dieser Zöllner. Ich faste zweimal in der Woche; ich verzehnte alles, was ich erwerbe. Der Zöllner aber stand weit weg und mochte nicht einmal die Augen zum Himmel erheben. Er klopfte vielmehr an seine Brust und sagte: Gott, du, versöhne dich mit mir, dem Sünder. Ich sage euch: Dieser stieg gerechtgesprochen zu seinem Haus hinunter, jener nicht. Denn: Jeder, der sich erhöht, wird niedrig gemacht; wer aber sich selbst niedrig macht, wird erhöht werden.

Diese Parabel warnt uns davor, zu stolz zu sein. Sie ähnelt darin jener von der Rangordnung bei der Einnahme der Ehrenplätze bei Tisch (vgl. Lk 14,7–11). Der Pharisäer glaubt, besonders gut zu sein, und er ist stolz auf alle die »rechten« Dinge, die er tut. »Ich bin fromm«, sagt er, »ich bin gerecht. Ich tue dies und jenes.« Er ist sehr zufrieden mit sich, weil er sich für besser hält als andere.

Der andere Mann ist ein Zöllner. Diese Personen waren selbst im eigenen Volk verhaßt, weil sie oft habgierig waren und im Dienste der Besatzungsmacht Geld aus ihren

Landsleuten zogen. Die Juden nannten sie »Sünder«, und als solchen verachtete der Pharisäer auch in der Parabel den Zöllner.

Dieser Zöllner jedoch wußte, was er tat. Er begriff seine Fehler, seine Überschreitungen: »Vergib mir. Ich bin ein Zöllner. Ich tue dies und das, und vielleicht habe ich es zuweilen übertrieben. Es tut mir leid.« Auf diese Weise erlangt er Vergebung. Er ist nicht arrogant oder selbstzufrieden. Er erkennt seine Verfehlungen und bittet Gott, gnädig, mit ihm zu sein.

Jesus fordert die Pharisäer und alle anderen, die ihre Mitmenschen verachten, zur Vorsicht auf; sie sollten sich ihrer eigenen Gerechtigkeit und Stellung nicht zu sicher sein. Sie müssen Demut lernen. Nur so können sie Vergebung erlangen und an ihren rechtmäßigen Platz erhöht werden.

Die Hochzeit zu Kana

(Jh 2,1–11)

Und am dritten Tag fand zu Kana in Galiläa eine Hochzeit statt. Und die Mutter Jesu war dort. Aber auch Jesus und seine Jünger waren zur Hochzeit geladen. Und da es an Wein mangelte, sagte die Mutter Jesu zu ihm: Keinen Wein haben sie. Und Jesus sagte zu ihr: Was willst du von mir, Frau! Meine Stunde ist noch nicht gekommen. Sagte seine Mutter zu den Dienern: Was er euch sagt, das tut. Es waren aber dort wegen dem Reinigungsbrauch der Juden sechs steinerne Wasserkrüge aufgestellt; sie faßten je zwei bis drei Maß. Sagte Jesus zu ihnen: Füllt die Krüge mit Wasser. Und sie füllten sie bis oben. Und er sagte zu ihnen: Schöpft jetzt und bringt dem Oberschenk. Sie brachten ihm also. Wie aber der Oberschenk das zu Wein gewordene Wasser gekostet hatte und nicht wußte, woher es war – die Diener jedoch, die das Wasser geschöpft hatten, wußten es –, da ruft der Oberschenk den Bräutigam und sagt zu ihm: Jedermann setzt zuerst den guten Wein vor, und wenn sie berauscht sind, den geringeren – du hast den guten Wein bis jetzt aufbewahrt.

Dies ist keine Parabel, sondern die Darstellung eines historischen Ereignisses, die gleichwohl den Wert einer Parabel besitzt. Das »Wasser« ist die formlose Übersubstanz Geist. Reines Wasser ist göttlich und gut. Was ist »Wein«? Der Wein ist Einsicht und Liebe. Durch die Verwandlung in Wein wird das Wasser etwas, das die Menschen besser gebrauchen können. Dies ist die Umwandlung der Übersubstanz Geist in Einsicht und rechtes Denken.

Der Schauplatz dieser Tat Jesu war das »Hochzeitsfest«, bei dem viele Menschen zugegen waren, so daß sie alle von dem »Wein« trinken konnten. Bei der heiligen Kommunion steht der Wein für die Essenz Christi: Einsicht und Liebe.

Mit der an seine Mutter gerichteten Vorhaltung »Was willst du von mir, Frau!« wies Jesus darauf hin, daß es nicht seine Aufgabe war, den Menschen aufzufordern, sich mit rechtem Denken zu füllen. Dies muß ein jeder für sich selbst tun. Die volle Bedeutung des Satzes »Meine Stunde ist noch nicht gekommen« ist schwer zu begreifen, entzieht sich aber nicht einer guten Meditation.

Die Aufgabe Jesu bestand in der uns überlieferten Darstellung des Ereignisses darin, das in die Krüge gefüllte Wasser in Wein zu verwandeln. Erst als der Oberschenk von dem »Wasser« gekostet hatte, begriff er, daß es zu »Wein« geworden war.

Wenn der Mensch von der Übersubstanz Geist in Übereinstimmung mit den Lehren Jesu Gebrauch macht, wird er den vollkommenen »Wein« von Einsicht und Liebe schmecken, der besser ist als jeder andere, den er zuvor kostete.

Der gute Hirte

(Jh 10,1–16)

Wahr, ja wahr ist's, ich sage euch: Wer nicht durchs Tor in die Herde der Schafe hereinkommt – sondern sonstwoher darübersteigt –, der ist ein Dieb und Räuber. Wer durchs Tor hereinkommt, der ist Hirt der Schafe. Dem öffnet der Torwächter. Und die Schafe hören auf seine Stimme. Und er ruft seine Schafe Namen um Namen und führt sie hinaus. Wenn er die Seinen alle hinausgetrieben, geht er vor ihnen her. Und die Schafe folgen ihm; denn sie kennen seine Stimme. Einem Fremden aber werden sie nimmermehr folgen, sondern sie fliehen vor ihm, da sie des Fremden Stimme nicht kennen.

Diese Hüllrede sprach Jesus zu ihnen. Sie aber erkannten nicht, was es war, das er ihnen sagen wollte.

Jesus sprach nun abermals zu ihnen. Wahr, ja wahr ist's, ich sage euch: Ich bin das Tor zu den Schafen. Alle, die vor mir gekommen, sind Diebe und Räuber. Aber die Schafe hörten nicht auf sie. Ich bin das Tor! Geht einer durch mich hinein, so wird er gerettet. Und er geht ein und aus und findet Weide. Der Dieb kommt zu nichts als zum Stehlen, zum Schlachten und Zugrunderichten. Ich bin gekommem, daß sie Leben haben – ja es haben überreich.

Ich bin der gute Hirt. Der gute Hirt setzt sein Leben ein für seine Schafe. Der Lohnknecht – der ja kein Hirt ist, dem die Schafe zu eigen gehören – schaut, wie der Wolf kommt, verläßt die Schafe und flüchtet. Und der Wolf raubt und versprengt sie. Denn wer Lohnknecht ist, kümmert sich nicht um die Schafe. Ich bin der gute Hirt. Und ich kenne die Meinen, und die Meinen kennen mich – so wie mich der Vater kennt und ich den Vater kenne. Und mein Leben setze ich ein für die Schafe. Noch andere Schafe habe ich, die nicht aus dieser Herde sind. Auch die muß ich führen, daß meine Stimme sie hören, und eine Herde werde – ein Hirt.

Dies ist nicht so sehr eine Parabel als eine Aussage. Was ist Jesus? Was ist Christus? Der Evangelist Johannes, der geliebte Jünger, der alles am besten kannte, stellt in einem der ersten Sätze seines Evangeliums über den Logos fest: »Er ist das wahre Licht, das erleuchtet jeden Menschen, kommend in die Welt« [Jh 1,9]. »Jeden Menschen«, lesen wir, das heißt, jeder Mensch ist ein Schaf Seiner Herde. Was ist das Licht? Es ist Einsicht, Liebe und Selbstgewahrsein. Somit äußert jedes Menschenwesen Selbstbewußtheit und Selbstgewahrsein und kann langsam, Schritt für Schritt lernen, seinen Verstand mit Einsicht zu gebrauchen.

Christus bezeichnet sich selbst als das Tor. Wer aber auf einem anderen Wege hereinkommt, heult wie der Wolf, und die Schafe werden ihm nicht folgen. Sie folgen der Stimme des Hirten. Sie erkennen den guten Propheten als ihren Hirten, dem sie folgen. Um sie auf die Weide zu führen, braucht man eine Stimme, die ihnen bekannt ist, und Worte der Wahrheit und der Liebe.

Als die Apostel nach der Kreuzigung Christi hinauszogen, um die Frohe Botschaft zu verkünden, erkannten so manche Heiden und andere, die sie über Liebe, Mitgefühl und Gnade predigen hörten, die Stimme der Liebe, obwohl ihnen die Lehre des Christus fremd war. Sie folgten der Stimme eines guten Hirten. So präsentierten die Apostel die Kirche als den guten Hirten und sprachen mit der Stimme Gottes, die »die Schafe« erkannten und der sie folgten.

Jesus spricht auch über falsche Propheten. In Israel gab es natürlich gute Propheten, die kraft des Heiligen Geistes im Auftrag Gottes sprachen. Aber es gab auch falsche Propheten. Sie waren nicht auf das Wohl der Menschen bedacht, die sie irreführten, sondern verfolgten nur ihre eigenen, egoistischen Ziele als Anführer im Kriege und beim Angriff auf andere Stämme und Völker. Viele falsche Führer brachte Israel hervor. In dieser Parabel heißt es: »Sie sind die Wölfe, die nicht durchs Tor, sondern von hinten oder von der Seite hereindringen«; das heißt, sie kommen nicht auf dem rechten Wege und durch den Willen Gottes.

Christus erwähnt auch »andere Schafe, die nicht aus dieser Herde sind«. Das ist verheißungsvoll, denn er meint damit alle Welt. Er meint die anderen Stämme, die anderen Nationen, deren Lehrer seine Worte sprechen – die Worte von Liebe und Mitgefühl. Anführer anderer Glaubensrichtungen predigen ebenfalls das Wort Gottes, wenn sie über Liebe, Mitgefühl und Gnade sprechen.

Jene aber, die nicht Liebe, Mitgefühl und Gnade predigen, sind die »Wölfe«. Und wie viele Anführer haben in allen Völkern – nicht nur bei den Juden – das Wort ergriffen und eine Zeitlang Einfluß genommen zum Kriege und zum Töten?

Christus sagte, daß auch andere Schafe, die nicht zu dieser Herde gehörten, die Seinen seien. Sie werden nicht Christen genannt, sondern gehören zu anderen Religionen, anderen Glaubensrichtungen. Und dennoch sind sie

»die Seinen«, das heißt, sie äußern eine Selbstbewußtheit. Im Laufe der Zeit werden sie auch Einsicht gebrauchen. Ganz gleich, ob sie zu anderen Bekenntnissen, Religionen oder Systemen gehören: früher oder später werden sie Einsicht gebrauchen und die Lehre Christi vernehmen: Liebe für alle.

Ein Doktor der Philosophie kam zu mir, er war Buddhist. Er hatte die Bibel gelesen und sich mit dem Neuen Testament beschäftigt – vermutlich viel gründlicher als viele Christen. Nur eines, so sagte er mir, könne er nicht billigen: daß Jesus sagte: »Niemand kommt zum Vater – außer durch mich« [Jh 14,6]. Ob das heiße, daß ein Buddhist, ein Hindu, ein Moslem oder ein Eingeborenen-Animist sich Gott erst dann nähern könne, wenn er das Christentum angenommen habe? Ich teilte dem Manne mit, daß ein jeder, daß jedes Menschenwesen bereits ein »Christ« in dem Sinne ist, daß er in sich das »Licht« hat. Jeder, der seiner Christusnatur Ausdruck gibt, ist ein »Christ«. Ein Buddhist kann also »Christ« sein, ein Moslem kann »Christ« sein, und selbst ein Götzendiener kann »Christ« sein, wenn er eine Form von Selbstgewahrsein zum Ausdruck bringt. Es sind die Charakterzüge eines Menschen, die zählen, nicht die Bezeichnung seines Bekenntnisses.

Was ist Christentum? Was ist die Lehre Christi? Die absolute Seinsheit anerkennen und sie zu lieben: lieben mit allem Herzen, mit aller Seele und mit aller Kraft. Und Jesus fügt hinzu: »Liebe deinen Nächsten wie dich selbst.« Es ist also Liebe und nichts als Liebe. Jeder Mensch, der seinen Verstand als Einsicht gebraucht, wird früher oder später

diese Erkenntnis finden: daß Leben Liebe ist. Man muß lieben. Und jene, die die Lehre der Liebe hören, werden zu der Herde hinzustoßen. Das ist es, was Christus meint.

Auch wenn die Menschen sich jetzt vielleicht nicht als Christen bezeichnen, gehören sie trotzdem zu der Herde des guten Hirten, der allen Liebe lehrt.

Der Weinstock und die Reben

(Jh 15,1–8)

An einer anderen Stelle im Evangelium gibt Johannes die Worte Christi wieder, die unsere Beziehung zum Logos schöner beschreiben, als ich es vermag. Das Bild, das Jesus hier gebraucht, bedarf keiner Deutung, da es uns klar und eindringlich unseren Platz in der Schöpfung der absoluten Seinsheit zeigt. Von diesen Worten lasse ich mich häufig inspirieren, und sie sind wohl geeignet und wert, am Ende unseres Buches zu stehen:

Ich bin der wahre Weinstock, und mein Vater ist der Winzer. Jede Rebe an mir, die keine Frucht trägt, die reißt er weg. Und jede, die Frucht trägt, die reinigt er, daß noch mehr Frucht sie trage. Schon seid ihr rein – kraft des Wortes, das ich zu euch gesagt habe. Bleibt in Eins mit mir und ich in Eins mit euch. Wie die Rebe aus sich nicht Frucht tragen kann – es sei denn, sie bleibe am Weinstock –, so auch ihr nicht; es sei denn, ihr bleibt in Eins mit mir. Ich bin der Weinstock, ihr seid die Reben. Wer in Eins mit mir bleibt wie ich in Eins mit ihm, der trägt viel Frucht. Denn ohne mich vermögt ihr nichts zu tun. Wenn einer nicht in Eins mit mir bleibt, so wird er hinausgeworfen wie die Rebe und verdorrt. Und die sammelt man und wirft sie ins Feuer; und sie verbrennt. Wenn ihr in Eins mit mir bleibt und meine Worte in euch bleiben, so erbittet, was ihr wollt, es wird euch geschehen. Dadurch wird mein Vater verherrlicht, daß viel Frucht ihr tragt und meine Jünger werdet.

Glossar

Zahlreiche im Text vorkommende Begriffe wurden aus der griechischen Muttersprache des Verfassers übernommen, obwohl sie als Fremdwörter im Deutschen zum Teil eine leicht abgewandelte Bedeutung haben; einige Termini (z. B. Engel, Heiliger Geist) werden zudem anders verstanden als im abendländischen Christentum. Viele Begriffe sind dem Leser wohl schon aus den Büchern vertraut, die Kyriacos C. Markides über den Verfasser schrieb – die Terminologie im vorliegenden eigenen Werk des Daskalos wurde an die dort geläufige angelehnt. Aufgabe dieses Glossars ist es, die verwendeten Begriffe verständlich zu machen in der Weise, wie sie im Griechischen, vor allem des Daskalos, gebraucht werden und gemeint sind.

Karl Friedrich Hörner

absolute Seinsheit (absolutes Sein, unendliche Seinsheit, Absolutes, Gott-Vater, der Herr, der Höchste, Gott): Diese Begriffe wurden schon im Original abwechselnd gebraucht. Entsprechend dem Genus der verschiedenen Begriffe wurden diese im Text grammatisch behandelt, was jedoch zu keinerlei Rückschlüssen dahin gehend berechtigt, daß Gott männlichen oder weiblichen Geschlechts oder »Neutrum« sei. In der vorliegenden Übersetzung wurde im Sinne einer Vereinheitlichung meistens *absolute Seinsheit* oder *das Ab-*

solute verwendet, wenn nicht ein bestimmter Aspekt der Gottheit eine andere Wahl erforderte.

Äther, ätherische Vitalität: »Unser tägliches Brot«, ätherische Vitalität (Geist) erhalten wir durch Atmung, Meditation, Nahrung und Ausruhen. Wir »schwimmen« in einem Meer ä. V., die den Erdball umgibt und durchdringt. Durch disharmonische Lebensweise erschöpfen jedoch die meisten ihre Portion ä. V. und können sie nicht wiederherstellen, was zu körperlichen und psychischen Beschwerden führt. Alle Existenz einschließlich unserer Körper wird in einer »Gußform« aus Äther gebaut, dem → ätherischen Doppel. Wir unterscheiden vier Eigenschaften des Äthers: schöpferisch, sinnlich, prägend und kinetisch.

ätherische Zentren, heilige Scheiben: Energie- und Aktivitätszentren (Sanskrit: Chakren) an verschiedenen Punkten der → ätherischen Doppel unserer Körper. Jeder unserer drei Körper weist diese Zentren auf, die mit Organen des materiellen Körpers korrespondieren. Bei der Arbeit mit diesen Zentren müssen wir Vorsicht walten lassen. Es ist zwar notwendig, einige von ihnen zu entfalten und zu wecken, andere jedoch unterstehen dem → Heiligen Geist, den → Erzengeln und dem → Logos (z. B. Basis- und Herz-Chakra); deshalb sollten wir auf jegliche Manipulation oder direkte Einflußnahme verzichten.

ätherisches Doppel: Jeder Körper jeglicher Existenz, von der einfachsten bis hin zur komplexesten Struktur, besitzt ein ä. D., das ihn sowohl durchdringt als auch ein wenig überragt. Das ä. D. existiert so lange, wie der Körper (ob materieller, psychischer oder noetischer) projiziert wird. Wird ein Körper zurückgezogen (beim Hinübergang), löst sich sein ä. D. auf. Das ä. D. dient sowohl als Muster oder Vorbild, als »Gußform« beim Bau des jeweiligen Körpers, als auch der Erhaltung von dessen Gesundheit.

Barmherzigkeit: → *göttliche Barmherzigkeit*

Christus, Christus-Logos: hier die Bezeichnung für den »eingeborenen Sohn«. Wenn Jesus als die Inkarnation des Christus-Logos gemeint ist, wird er an manchen Stellen auch als der »über alles geliebte Logos« bezeichnet. Wir gebrauchen die Begriffe Christus-Logos und Gottmensch Jesus Christus für die volle und reine Inkarnation des Logos-Ausdrucks der absoluten Seinsheit synonym.

derzeitige Persönlichkeit: Gleichbedeutend mit → zeitliche Persönlichkeit, bezieht sich dieser Begriff hier auf das jeweilige, gegenwärtige Leben: was wir gemeinhin als die »Persönlichkeit« des einzelnen verstehen und mit einem Namen identifizieren. Die d. P. ist eine Projektion der → permanenten Persönlichkeit in die Welten der → Trennung.

Ego und *Ich:* Diese Begriffe verwenden wir anders als in der psychologischen Terminologie üblich. Der Egoismus entweiht den Geist durch Erschaffung selbstischer Begierden und die niederen Emotionen wie Habgier, Bosheit und Neid. Das Ich hingegen ist das Selbst als Seinsheit, unsere

Seelennatur, und äußert sich durch eine vernünftige, liebevolle Persönlichkeit. Während der Egoismus (eine Schwäche des Ego, unserer zeitlichen Persönlichkeit) die Quelle von Unausgeglichenheit in Persönlichkeit, Volk und Welt ist, äußert unsere Ich-Natur Liebe, Mitgefühl, einsichtiges Denken und vernünftiges Handeln.

Einssein: überbewußter Zustand der Einheit von Subjekt und Objekt, Überwindung der Trennung zwischen beiden. Im E. vermag ein Wesen vollkommen mit jedem anderen Wesen und jeder anderen Existenz zu verschmelzen – sowie in der → Theose mit der → absoluten Seinsheit –, ohne dabei sein Ego aufzugeben.

Einstimmung: die Einstellung unserer Schwingung auf die Frequenz einer anderen Existenz oder Wesenheit dergestalt, daß wir deren Natur betrachten und beobachten können. Die Einstimmung geht dem → Einssein voraus.

Elemental: Jeder Gedanke, jedes Gefühl und jeder Wunsch erzeugt und sendet ein E. aus, das eine eigene Existenz besitzt. Wir erschaffen und unterhalten zwei Typen von E. (Gedankenformen). Wenn Gefühl einen Gedanken beherrscht, erzeugen wir emotionale Gedankenformen (Wunsch-Gedanken-Elementale). Wenn unsere Ideen, Wünsche und Emotionen von Liebe und Einsicht durchdrungen werden, erschaffen wir vernünftige Gedankenformen (Gedanken-Wunsch-Elementale). Ein E. kann nie zerstört, sondern nur entkräftet werden (indem wir es nicht weiter mit → ätherischer Vitalität nähren). Elementale ähnlicher oder gleicher Schwingung können sich miteinander verbinden und ein machtvolles Gruppenelemental bilden. Wenn ein Mensch oder eine Gruppe von Menschen die gleiche Schwingungsfrequenz aufweist, werden solche Gruppenelementale angezogen. Auch Erzengel erschaffen E.; wir nennen sie Engel: Gutartig und engelhaft dienen sie der Menschheit.

Energiezentren: → ätherische Zentren

Engel: Projektion von → Erzengelwesen, → Elemental eines Erzengelwesens, das zum Dienst an der Schöpfung gebildet wurde. Im Unterschied zu Erzengeln sind E. keine ewigen Wesen, sondern gute Elementale.

Erzengel: ewige, heilig-geistige Wesenheiten, die der Schöpfung dienen und beim Bau und der Erhaltung der Welten mitwirken. Sie besitzen Allweisheit und absolutes Selbstgewahrsein (wenn auch nicht die den Menschen eigene selbstbewußte Individualität). Ehrfurchtsvoll unterscheiden wir die E. der Elemente, die Ränge der Herrscher, der Cherubim, der Gewalten, der Oberherrschaft, der Fürsten, der Seraphim und der Throne. In unserem Werk sprechen wir von sieben Rängen der E., ein jeder bestehend aus Billionen → heiliger Monaden-Wesen, die der Schöpfung dienen. → Engel sind die Elementale der Erzengel.

Erzengel-Mensch: Der Erzengel-Mensch ist ein → Urbild. Die → heilige Monaden-Emanation geht durch das Urbild des Erzengel-Menschen auf seinem Weg zum Urbild des

→ himmlischen Menschen. Somit sind die → Erzengel Geschwister der Menschheit.

ewiges Jetzt, ewige Gegenwart: Jenseits der Welten der Existenz ist der Zustand des immerwährenden Lebens. Hier verschmilzt die Wahrnehmung von Vergangenheit, Gegenwart und Zukunft zu einem Jetzt, Zeit und Ort sind nicht mehr.

Existieren: Das Existieren (die Existenz) hat Anfang und Ende und ist damit ein zeitliches Phänomen. (→ Sein)

Exosomatose (von griech. *éxo* = außerhalb und *sóma* = Körper): Der Verfasser zieht diese Version des griechischen Wortes derjenigen in den Büchern von Kyriakos C. Markides (Eksomatose) vor; ihrem Sinn nach sind beide Varianten jedoch identisch. Exosomatose heißt soviel wie »außerkörperliche Erfahrung« (AKE). Da dieser Terminus im allgemeinen für unwillkürliche Erlebnisse gebraucht wird, verwendet der Verfasser im Unterschied hierzu den griechischen Begriff für die Fähigkeit, sich auf eigenen Wunsch vom Körper zu lösen, vollbewußt in den psychonoetischen Dimensionen aufzuhalten und danach in den Körper zurückzukehren. Hierzu gehört auch die Erinnerung an alles, was man in dem Zustand außerhalb des Körpers erlebt. Jede Nacht, während wir schlafen, verlassen wir unsere Körper und reisen unbewußt auf andere Ebenen. Das Ziel ist jedoch, auch außerhalb unserer Körper bewußt zu leben. Wir unterscheiden erste, zweite und dritte E.

Fülle: → *Schaffensfreude*

Geist: göttliche Emanation der absoluten Seinsheit, der alle Existenzen ihren Aufbau verdanken. Begabt mit göttlicher Weisheit, Liebe, Macht und Reinheit ihres Schöpfers, ist G. kein unsterbliches Wesen, sondern wird ewig gebraucht als die Substanz aller Schöpfung. G. ist göttlich in seinem Ursprung und heilig in seiner Äußerung.

Geistseele, Pneuma-Ich: das höchste und wirkliche Selbst im Innern; jener Teil von uns, der qualitativ identisch ist mit dem → Absoluten. Die G. ist unser göttlicher Wesenskern, unveränderlich und ewig (nicht zu verwechseln mit: Geist = Geistsubstanz). Sie wurde nie erschaffen und wird nie sterben. Die G. stieg herab in die Welten der Polarität, um die Erfahrung der niederen Welten zu machen, um ihre Individualität und Einzigartigkeit innerhalb des Einsseins mit dem Absoluten zu entfalten.

Gesetz von Ursache und Wirkung ist sowohl Wissenschaftlern als auch Mystikern bekannt. Als göttliches Gesetz ordnet es jeder Aktion eine Reaktion, jeder Ursache eine Wirkung zu. Während die östlichen Religionen häufig eine deterministische Sicht dieses Gesetzes vertreten, glauben wir, daß Schulden auch durch Reue und Wiedergutmachung überwunden oder für andere abgetragen werden können. Das Gesetz von Ursache und Wirkung wirkt sich sowohl über mehrere Lebenszeiten als auch innerhalb viel kürzerer Zeitperioden aus.

Glauben: nicht nur ein individuelles oder theoretisches Glauben an dogmatische Wahrheiten, sondern eine allesumfassende Beziehung voll Liebe und Vertrauens zur → absoluten Seinsheit. Dieser G. bedeutet eine Verwandlung des ganzen Lebens eines Menschen. Glauben ist ein Geschenk von Gott, durch das wir aufgenommen werden in die ganze theanthropische (gottmenschliche) Aktivität Gottes in → Christus und des Menschen in Christus, wodurch der Mensch die → Theose erlangt.

Gnade: → göttliche Gnade

göttlich: Dieses Attribut wurde nur für die Eigenschaften, Ursachen, Urbilder, Gesetze, Prinzipien und Wesen gebraucht, die direkt aus der absoluten Seinsheit hervorgehen.

göttliche Autarkie: → Selbsterfüllung

göttliche Barmherzigkeit: Es ist ein Geschenk der g. B., daß wir als Menschen in unseren Körpern in den Universen existieren.

göttliche Gnade: eine wenig verstandene, aber höchst mitfühlende Kraft in der Schöpfung, die zuläßt, daß scheinbar Wunderbares stattfindet. Jakobus schrieb in seinem Brief: »Gnade aber triumphiert über das Gericht« [Jak 2,13].

göttlicher Plan: der Bauplan der Schöpfung, vollkommen und vollständig, der alles und alles Geschehen begründet.

Die Einstimmung unseres Denkens und Tuns auf den überaus weisen göttlichen Plan der absoluten Seinsheit ist der Zweck unserer Existenz.

göttliches Gesetz: Die Grundstruktur der Schöpfung, sie regiert alle Welten und Universen und entspricht unserer höchsten Natur. Als Widerspiegelung manifestierter Einsicht und Liebe ist es unsere Erkenntnis von und Ausrichtung auf diese Gesetze, was zu unserer gesteigerten spirituellen Entwicklung führt.

grobstoffliche Welt, grobstofflicher Körper: die niederste Schwingung von Geist. Verfestigter Geist bildet die materielle Welt und den materiellen Körper.

heilig: Alle Schöpfung ist heilig, geboren aus der Äußerung des Göttlichen. Was heilig ist, ist Projektion (im Unterschied zur Emanation) des Göttlichen.

heilige Monade, heiliges Monaden-Selbst: Das griechische Wort *monáda* wird hier im Sinne von »einheitlicher Wesenheit« verwendet. Das Selbst in seiner wirklichen Identität. Eine heilige Monade kann man sich als eine von unzähligen Myriaden von »Zellen« vorstellen, die die absolute Seinsheit bilden.

Heiliger Geist: das unpersönliche Überbewußtsein, das der Macht des Absoluten Ausdruck gibt und die Erschaffung des Universums ermöglicht. Der dynamische Aspekt des Absoluten (→ Engel, → Erzengel) *heilig-geistig:* alles, was sich allein auf den → Heiligen Geist bezieht. Tiere leben in einem heilig-geistigen Zustand. Sie besitzen nicht den → Logos-Aspekt des Absoluten, das heißt, sie kennen keine Selbstbewußtheit. Der Mensch hat sowohl den heilig-geistigen als auch den Logos-Aspekt.

himmlischer Mensch: → *Urbild des Menschen*

Innenschau: der Prozeß der Introspektion oder Selbstprüfung, die Praxis des »Erkenne dich selbst«. Zentrale Übung jedes Wahrheitsforschers und aller, die Erkenntnis und Verwirklichung ihres inneren Selbst anstreben.

Karma: → Gesetz von Ursache und Wirkung. Die Summe der Taten, Gedanken und Gefühle eines Menschen, die dessen weitere Existenzbedingungen bestimmt. Jeder Mensch ist selbst voll verantwortlich für die Schaffung seines Karmas, seines Schicksals. Das Erreichen der → Theose setzt die Überwindung des Karmas voraus.

kausaler Zustand: Über dem → noetischen Zustand ist der kausale Zustand der Bereich der reinen → Urbilder und Prinzipien. Er wird auch als fünfter Himmel bezeichnet.

kosmisches Bewußtsein, kosmisches Gedächtnis: Hier wird alles vergangene und gegenwärtige Geschehen in allen Welten aufgezeichnet. Der Mystiker kann sich auf das k. B. einstimmen und so seine Forschungen durchführen. Im k. B. ist das kosmische Gedächtnis enthalten, das »himmlische Archiv«, in dem alle Eindrücke, Taten, Gedanken, Gefühle und Wünsche aller Wesen gespeichert sind. In der esoterischen Literatur wird es oft Akasha-Chronik genannt.

Logoi: Pluralform von → Logos

Logos (griech.: Wort; s. Jh 1,1) ist der Teil des Absoluten, der die Existenz von Selbstbewußtheit und freiem Willen ermöglicht. Als ewige Wesen besitzen die Menschen sowohl den → heilig-geistigen als auch den Logos-Aspekt des Absoluten. Tiere hingegen haben nur den heilig-geistigen Teil. Jesus als der → Christus-Logos repräsentiert den vollständigen Ausdruck des Logos-Aspektes des Absoluten. Je weiter sich der Mensch geistig entwickelt, desto mehr tritt der Logos-Aspekt in ihm in den Vordergrund. (→ Christus, → Heiliger Geist)

materiell: → grobstofflich

mentaler Zustand: ein Zustand von Urbildern und ungeäußerten Formen jenseits der Welten der → Trennung. Hier kommen wir zwischen den Inkarnationen zur Ruhe, und hier beziehen die Erzengel die Formen, in die sie Leben einhauchen.

Möglichkeitszyklus: Der M. jeder Form wird in Allweisheit in den göttlichen Gesetzen und → Ursachen niedergelegt. Alle Formen sind in ständiger Entwicklung begriffen: vom Samen zum Baum, vom Kind zum Erwachsenen. Jede Form wandelt sich, um Erfahrungen sammeln zu können. Im ewigen Jetzt ist eine Form vollendet und beruht auf einem Prinzip; sein M. ist bereits festgelegt. Beim Eintritt in die Welten der Existenz (materiell, psychisch, noetisch) wird der M. der → permanenten Persönlichkeit eingeprägt und der äußere Rahmen (Zeit und Ort) bestimmt. Keine Form kann ihrem M. entrinnen, damit ist die Seelenwanderung von einer Lebensform zur anderen ausgeschlossen: Menschen werden immer als Menschen inkarnieren.

Mystiker: hier oft Synonym für → Wahrheitsforscher, geistig Strebender

noetische Welt, noetischer Körper (gespr.: no-étisch, von griech. *noús* = der Sinn, der Verstand): die fünfdimensionale Welt, die feinstofflichste von den Welten der → Trennung. In den n. Welten (Heimat des n. Körpers) findet die Allweisheit des absoluten Seins zuerst Ausdruck als Form, von Universen und Galaxien bis hin zu einzelligen Organismen. Zeit und Ort sind Attribute der noetischen Welt, aber nicht im gleichen Sinne, wie wir sie in den psychischen und materiellen Welten wahrnehmen.

noetisches Bild: ein vieldimensionales Bild aus noetischer oder psychonoetischer Substanz, durch Denken und mit Hilfe noetischen Lichtes gestaltet. Es ist immerwährend wie alle Elementale.

Oberherrschaft finden wir, mehr oder weniger stark ausgeprägt, wie in einem Gefühl der Herrschaft und göttlichen Autorität, *von oben* erteilt.

permanente Persönlichkeit: eine Projektion – in gewissem Sinne ein Schatten – der selbstgewahren → Seele in den Welten der → Trennung, läßt Wissen hindurch und gewinnt Weisheit.

permanentes Atom: Teil der permanenten Persönlichkeit, der die Erfahrungen der verschiedenen zeitlichen Persönlichkeiten in den Ort-Zeit-Welten aufzeichnet. Das p. A. liegt im ätherischen Herzen jedes Körpers und registriert alle Gefühle, Gedanken, Reaktionen und Erfahrungen in den drei Welten.

Phänomene (von griech. *phainómenon* = das Erscheinende): Erscheinungen in den Welten der → Trennung

Pneuma: → *Geistseele*

psychische Welt, psychischer Körper (von griech. *psyché* = Seele): Die vierdimensionale Welt, auch Gefühlswelt genannt. Die mit den fünf Sinnen nicht erfahrbare p. W. besteht aus sieben Ebenen, jede von diesen wiederum aus sieben Zwischenebenen. Bei der ersten → Exosomatose gelangen wir in die p. W. und in unseren p. K., in die wir auch beim Hinübergang zurückkehren.

psychonoetische Welt: Sammelbegriff für die Sphären jenseits der → grobstofflichen Welt, aber »diesseits« des → mentalen Zustandes. → Psychische und → noetische Welt sind in vielerlei Beziehung so eng miteinander verflochten, daß wir sie aus unserer Sicht fast als Einheit empfinden. In einem Gedanken steckt oft auch Emotion, und in jedem Gefühl ist Denken.

Psychotherapie: Seelenbehandlung und -heilung, Aufgabe der Wahrheitsforscher nicht nur im medizinischen Sinne.

Schaffensfreude: Gottes Freude am Erschaffen: Freude, Erfüllung, reiches, freigebiges Sichverschenken. (Die landläufige Bedeutung des griechischen Wortes *euaréskeia* entspricht nicht dem hier gemeinten Sinn. An die Stelle des früher verwendeten engl. Wortes *munificence* [in vorausgegangenen Büchern als »Fülle« übersetzt] trat der Begriff *will pleasure,* dessen sinngemäße Übersetzung als »Schaffensfreude« schlüssiger erscheint und eine Verwechslung mit dem Attribut → Selbsterfüllung ausschließt. Anm. d. Ü.)

Seele: Die Seele wird gebildet, wenn ein Strahl einer → heiligen Monade durch das → Urbild des Menschen geht. Die Seele wird nicht erschaffen, sondern ist ein kleiner Teil des Geistigen (nicht der Übersubstanz → Geist), den wir als → Ich-Selbst bezeichnen. Als Geistseele ist und bleibt sie formlos. Bei der Rückkehr zur Gottheit ist sie voller.

Sein: Das Sein (das Wesen) ist zeitlos und ewig, ohne Anfang oder Ende. (→ Existieren)

Selbsterfüllung (griech. *autárkeia):* Der Urzustand des absoluten Seins, bar aller Bedürfnisse (= göttliche Autarkie). Das Absolute hat alles in sich und ermangelt nichts.

Selbstgewahrsein, selbstgewahr, selbstbewußt: bewußtes Gewahrsein des inneren Selbst im göttlichen Plan

Selbstverwirklichung (griech. *ontopoíesis):* Selbstverwirklichung der permanenten Persönlichkeit als eines individuellen Wesens, die Frucht aus den Erfahrungen, die die permanente Persönlichkeit in ihrer Projektion als zeitliche Persönlichkeit gesammelt hat. Das → Karma des niederen Selbst ist erschöpft, und die permanente Persönlichkeit der selbstbewußten → Seele kann die → Theose erlangen.

Tetraktys: Vierheit, bezieht sich z.B. auf die Elemente Erde, Luft, Feuer und Wasser

Theose (von griech. *theós* = Gott): Die bewußte Verwirklichung unserer Gottwesenheit, die letzte Stufe in der Entwicklung des Selbst, nachdem es die Erfahrung der grobstofflichen Materie durch aufeinanderfolgende Inkarnationen hinter sich hat. Wiedervereinigung mit der Gottheit, der → absoluten Seinsheit

Trennung, Welten der: Sammelbegriff für die drei Welten der → Existenz (materiell, psychisch und noetisch), in der unsere Persönlichkeiten ihre Phasen scheinbarer Trennung von den Zuständen des Einsseins und des Seins verbringen.

Überbewußtheit: das vollständige Gewahrsein des Seins

Unterbewußtsein, unterbewußt: Der Wahrheitsforscher unterscheidet drei Aspekte des Unterbewußten. In einer

Kammer birgt das U. alle → Elementale, die unsere Persönlichkeit bilden. In einer zweiten Kammer ist der Speicher → ätherischer Vitalität (auch animalische Vitalität genannt). Die dritte und am meisten geachtete Kammer ist die des → Logos und des → Heiligen Geistes, denn durch das Unterbewußte verleihen Heiliger Geist und Logos Allweisheit, Allmacht und All-Liebe.

Urbild: Da das Wort Idee im Deutschen nicht mehr dem Sinn des zugrunde liegenden, der griechischen Philosophie entstammenden und hier gemeinten Begriffes entspricht – dem Archetypus –, wurde statt dessen in der Übersetzung das Wort Urbild gebraucht. (→ Ursachen, Urbilder und Prinzipien)

Urbild des Menschen (engl. *human idea* oder *idea of man):* Eines der → Urbilder in der → Selbsterfüllung des absoluten Seins, durch das eine → heilige Monade einen Teil von sich schickt, um eine selbstbewußte Seele hervorzubringen. Unsere Körper werden nach dem Kausalgesetz des Urbildes des Menschen gebaut.

Ursachen, Urbilder und Prinzipien: Die → Schaffensfreude der → absoluten Seinsheit ist die erste Ursache, denn sie ist die Ursache der Schöpfung. Aus der Schaffensfreude der absoluten Seinsheit entspringen alle Ursachen. Die Ursachen wiederum führen zur Entstehung von Urbildern. Jedes Urbild birgt in sich den ganzen → Möglichkeitszyklus der zu erschaffenden Form. → Erzengel wirken durch die Urbilder und verleihen jeder Form Allweisheit. Prinzipien regieren die Äußerung von Ursachen in Zeit und Raum.

Wahrheitsforschung, System der: Unser System feiert die ewigen Wahrheiten, die allen großen religiösen Überlieferungen bekannt sind, während wir uns fest auf die Lehren des Gottmenschen Jesus Christus und das Neue Testament stützen. Durch gezieltes Studium, Übungen und Meditation streben wir die ausgeglichene Entfaltung und Integration unseres ganzen Wesens und Seins an. Unser Weg ist systematisch, sicher und klar.

Wahrscheinlichkeitszyklus: Während der Möglichkeitszyklus die ideale Entwicklung beschreibt und unausweichlich ist, gestattet der W. den Stillstand des sich entwickelnden Lebens an jedem Punkt seiner Entfaltung. Es mag sein, daß ein Same nicht keimt, daß ein junger Baum krank wird und eingeht oder daß ein Menschenkind hinübergeht. Innerhalb jedes Möglichkeitszyklus finden wir Millionen von Wahrscheinlichkeitszyklen; so kann es geschehen, daß etwas oder jemand aufhört oder, im Gegenteil, fortfährt zu existieren. Jeder Möglichkeitszyklus, ob erfüllt oder unterbrochen, birgt große Weisheit, die dem Gesetz dient.

zeitliche Persönlichkeit: eine der zahlreichen Masken oder Verkleidungen der → permanenten Persönlichkeit auf ihrem Weg zur Selbstverwirklichung, oft Synonym für → derzeitige Persönlichkeit.

Knaur®

Westliche Wege

(86008)

(4107)

(4261)

(4223)

(4262)

(4252)

Knaur®

Westliche Wege

Knaur® Esoterik

Oskar Ruf

DIE ESOTERISCHE BEDEUTUNG DES LESENS

Vorwort von Rüdiger Dahlke

(86012)

Knaur® Esoterik

Oskar Ruf

DIE ESOTERISCHE BEDEUTUNG DER MÄRCHEN

Vorwort von Rüdiger Dahlke

(86007)

Knaur® Esoterik

Natalie Goldberg

DER WEG DES SCHREIBENS

Durch Schreiben zu sich selbst finden

(4275)

Knaur® Esoterik

Charles Breaux

REISE INS BEWUSSTSEIN

Chakras, Tantra und Jungsche Psychologie

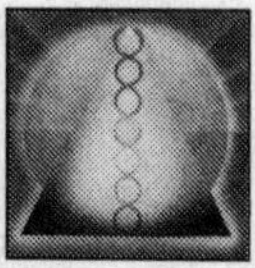

(4251)

Knaur® Esoterik

Charles Breaux

LEBENSLINIEN

Der Weg der Seele durch zahlreiche Leben und Zeiten

(86004)

Knaur® Esoterik

Kabaleb

EINWEIHUNG

IN DIE MYSTERIEN DES GÖTTLICHEN WERKES

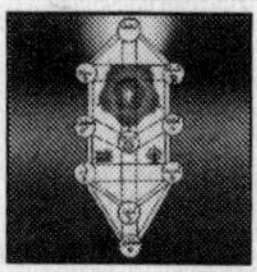

(4269)

Knaur

Lebenshilfe

(4236)

(4276)

(4194)

(86006)

(4264)

(4239)